RUEDIGER SCHACHE

Der geheime Plan Ihres Lebens

GOLDMANN
Lesen erleben

BUCH

Woher kommen wir? Was ist unsere Aufgabe in diesem Leben? Welchen Sinn hat unser Leben? Für Ruediger Schache gibt es keinen Zufall. Es gibt Ereignisse und Zusammenhänge, für die wir vielleicht im Augenblick noch keine Erklärung haben. Aber das Leben jedes einzelnen Menschen folgt einem Plan – und wir tun uns in vielem unendlich viel leichter, wenn wir diesen Plan kennen. Schache zeigt, wie wir die »Zeichen« unseres Lebens deuten können, um den dahinter liegenden Sinn und unsere Lebensaufgabe finden zu können. Die Herkunftsfamilie, die körperliche Konstitution, die seelische Veranlagung und die geistigen Fähigkeiten geben uns Hinweise, ebenso wie die Beziehungen zu unseren Mitmenschen.
Wenn wir mit Ruediger Schache gelernt haben, all diese Zeichen unseres Lebens zu lesen, werden wir die große Idee erkennen, die hinter dem eigenen Leben steht. Und es wird uns viel leichter fallen, Entscheidungen zu treffen und mit all den Situationen umzugehen, die uns begegnen.

AUTOR

Ruediger Schache ist Coach, Bewusstseinsforscher und Buchautor. Nach langjähriger Tätigkeit in Marketing und Werbung machte er sich als Journalist und Autor selbstständig. Auf zahlreichen Reisen durch Asien, Mexiko und Brasilien durchlief er eine Reihe von Ausbildungen und Initiationen. Heute vermittelt er in Seminaren, Vorträgen und Beratungen sein Wissen um innere und äußere Zusammenhänge. Er entwickelte einen ganzheitlichen Weg, um Geist, Seele und Körper ins Gleichgewicht und das Leben in einen Fluss aus Annahme, Freude und Selbstgestaltung zu bringen. 2008 erschien sein Buch »Das Geheimnis des Herzmagneten«.

Von Ruediger Schache sind im Goldmann Taschenbuch außerdem erschienen:
Das Geheimnis des Herzmagneten (17135)
Die 7 Schleier vor der Wahrheit (17238)
Der Herzberater (17341)
Das Gottgeheimnis (21965)

Ruediger Schache

Der geheime
Plan
Ihres Lebens

Woher, wohin, warum?

GOLDMANN

Die Originalausgabe dieses Buches erschien 2009 bei Arkana, München,
in der Verlagsgruppe Random House GmbH.

Bildnachweis
Alle Abbildungen stammen von Shutterstock, mit Ausnahme von:
Fotosearch: S. 121 sowie der Kompass bei den Übungen (z.B. S. 54)
Privatarchiv Ruediger Schache: S. 88, 96ff.
www.hubblesite.org: S. 191, 228f., 230f.
Verlagsarchiv: S. 10, 28, 57, 185

Verlagsgruppe Random House FSC® N001967
Das für dieses Buch verwendete FSC®-zertifizierte Papier
Profimatt liefert Sappi, Ehingen.

3. Auflage

Vollständige Taschenbuchausgabe November 2013
Wilhelm Goldmann Verlag, München,
in der Verlagsgruppe Random House GmbH
© 2009 Arkana, München, in der Verlagsgrupe Random House GmbH
Umschlaggestaltung: Uno Werbeagentur
Umschlagmotiv: Getty images / Craig Brewer, Garry Gay
Lektorat: Birgit Groll
Layout Innenteil: Sabine Hüttenkofer
Reproduktionen: Lorenz & Zeller, Inning am Ammersee
WL · Herstellung: cb
Satz: Barbara Rabus
Gesamtherstellung: Print Consult, München
Printed in the Slovak Republic
ISBN 978-3-442-21941-4

www.goldmann-verlag.de

INHALT

VORWORT

Liebe Leserin, lieber Leser,

in diesem Buch geht es um die Seele und den Sinn des Lebens. Vieles, was man dazu hört, ist mit einem Begriff verbunden, der für manche Menschen Unsicherheit, Zweifel oder Ablehnung erzeugt: »Glauben«. In diesem Buch geht es nicht um Glauben. Es geht darum, wie Sie selbst das Wissen praktisch und spürbar erfahren können. Es geht darum, wie Sie zu innerer Sicherheit und Klarheit über sich und Ihr Leben gelangen.

Für mich selbst, als ewigen Forscher und kritischen Hinterfrager, ist Glauben nicht der Endzustand. Mit den nachfolgenden Seiten möchte ich Sie einladen, durch Ihr eigenes Erleben die Wahrheit zu erfahren. Es mag sein, dass man auf diesem Weg etwas Gelerntes über Bord werfen muss, und ganz sicher braucht man Interesse und Freude am Ausprobieren. Wenn auch in Ihnen diese Sehnsucht nach Erfahrung, Verstehen und Wachstum wirkt, wird das Leben Ihnen dies bringen. Nicht unser Glaube oder Unglaube sind die Grenzen vor der Wahrheit. Unser Maß an Interesse und Offenheit bestimmt, wie viel wir verstehen.

Unsere Lebenserfahrungen kann uns niemand wegnehmen und niemand kann sie uns abnehmen. Gleichzeitig aber gibt es gute Wegweiser, die auf unserem Weg zu Erkenntnis und Wahrheit eine Unterstützung sind. Sie sind wie Schlüssel, die einem suchenden Menschen neue Erlebnisräume öffnen. Vielleicht sind auf den folgenden Seiten einige solcher Schlüssel für Sie dabei.

In der Vergangenheit habe ich mich oft geirrt. Manche dieser Irrtümer waren so groß, dass ich innerlich daran zerbrochen bin. Der Beginn war ein Irrtum über die Liebe. Ich verlor einen Menschen, der damals »mein Leben« war. Die Illusion war so groß gewesen, dass ich, nachdem ich sie erkannt hatte, in einen dunklen Abgrund stürzte. Im freien Fall nach unten fragte ich mich immer wieder: Warum gerade ich? Warum jetzt? Warum sie? Warum all dieser Schmerz? Warum all diese Fehler?

Irgendwann meldete sich eine Stimme und sagte: »Weil genau das bedeutet, ein Mensch zu sein. Das ist das Leben.« Ich wusste damals nicht, wer oder was die Stimme war, aber mit dieser kurzen Antwort erfuhr ich unendlich viel Mitgefühl und Wahrheit. Gleichzeitig erkannte ich schlagartig so viele Zusammenhänge, die ich gar nicht alle sofort verarbeiten konnte. Der Plan meines Lebens begann sich zu offenbaren und damit war in mir der Funke entfacht, das Geheimnis des Lebensplans tiefer zu erforschen.

Der Beginn eines neuen Lebens

Bald darauf kündigte ich meinen Beruf als Manager in einem Industrieunternehmen. Ich verkaufte und verschenkte buchstäblich alles, was mir bis dahin lieb und teuer gewesen war. Nur ein großer Koffer begleitete mich auf meiner Forschungsreise, von der ich keine Ahnung hatte, wohin sie mich tragen würde.

Diese Suche führte mich in viele Länder, zu vielen Begegnungen mit wunderbaren Menschen. Ich lebte bei Indianern und begegnete Aborigines, traf Schamanen, Mönche, Priester und hohe spirituelle Führer verschiedener Religionen. Ich lernte die Wahrheiten der einzelnen Kulturen kennen. Ich traf viele kranke Menschen, von denen manche vor dem frühen Ende ihres Lebens standen. Ich hörte viele berührende Lebensgeschichten und erfuhr die damit verbundenen tiefen Erkenntnisse. Und bei all dem konnte ich eine alles überschneidende Grundessenz finden und selbst erfahren. Häufig, wenn ich wieder einmal einen Lernschritt mit einem blauen Auge hinter mich gebracht hatte, erfuhr ich eine Initiation oder erlebte einen großen Wachstumsschritt. Und so wurde ich ständig ein anderer, konnte mich an nichts festhalten und musste mich immer wieder selbst neu kennenlernen.

Dabei erkannte ich, dass auf dem Weg zur Wahrheit die Irrtümer keine Strafe sind, sondern die größten Geschenke. Denn wenn alle Irrtümer zerbrechen, bleibt am Ende nur die Wahrheit. Mit ihr kommen unbeschreibliches Glück und Liebe und Freiheit.

Das Geheimnis des Herzmagneten

Was ich über Liebe, Partnerschaft und Anziehung zwischen Menschen herausfand, prüfte ich zunächst mit vielen Ratsuchenden und Teilnehmern meiner Seminare. Als ich sicher war, dass es stimmte, in der Praxis funktionierte und übertragbar war, hielt ich die Essenz dazu in dem Buch »Das Geheimnis des Herzmagneten« fest. Dieses Buch fand den Weg zu einer für mich unglaublichen Menge an Lesern in vielen Ländern. Gleichzeitig kamen immer mehr Fragen zu mir, von Menschen, die noch mehr verstehen wollten. Eine Leserin fragte mich: »Ich habe verstanden, dass meine Gedanken und meine Gefühle über mein Leben bestimmen. Aber wer oder was bestimmt über meine Gedanken? Ich habe nicht den Eindruck, dass ich sie wirklich kontrollieren kann.«

Die 7 Schleier vor der Wahrheit

Mir war klar: Wenn ein Mensch diese Frage in sich spürt, wird es vielen anderen ähnlich gehen. Ich wusste, dass die Zeit reif war, um tiefer zu gehen und so antwortete die innere Stimme in mir mit dem Buch »Die 7 Schleier vor der Wahrheit«. Es geht darin um Gefühle, Wünsche, Ängste und Gedanken. Um den Weg, der aus den Irrtümern herausführt. Um das Aufwachen in die Wahrheit.

Der geheime Plan Ihres Lebens

Und nun halten Sie dieses Buch hier in den Händen. Sie haben es gefunden, weil sich ein Teil von Ihnen nach Wachstum sehnt. Weil Sie verstehen wollen. Und je mehr man versteht, wer oder was man in Wahrheit ist (und was man ganz sicher nicht ist), umso deutlicher entsteht das Bewusstsein über die eigene Seele. Und an der Seele hängen die wirklich großen Fragen nach dem Sinn des eigenen Lebens. Darum geht es in diesem Buch: um Wünsche und Wille, Fügung und Bestimmung, Seele und Schicksal. Es geht um den »geheimen Plan Ihres Lebens«.

Ich wünsche Ihnen viel Freude beim Lesen und viele Erkenntnisse für Ihren Lebensweg.

Ihr Ruediger Schache

Ihr geheimer Seelenplan

Wenn man von seinem persönlichen Lebensbuch bereits einige Seiten durchlebt hat, tauchen manchmal Fragen auf, die man sich bisher noch nie bewusst gestellt hat. Es ist, als würde man ein ereignisreiches Kapitel beenden, und plötzlich überrascht einen diese Frage. Sie liegt auf dem Lebensweg wie ein auffälliger Stein.

Warum musste ich das erleben? Was hatte das für einen Sinn? Warum ging es bei mir nicht leichter? Haben andere mehr Glück?

Wenn solche Fragen auftauchen, verschwinden sie nicht einfach wieder. Es ist, als würde man sie aufheben, genau ansehen und dann mitnehmen.

Was ist Schicksal? Gibt es Vorsehung? Habe ich eine Bestimmung?

Manche der Fragen auf den Wegsteinen kann man beantworten. Man nimmt den Stein mit, um sich immer wieder daran zu erinnern. Bei anderen Fragen spürt man, dass das Leben die Antwort bald bringen wird. Man nimmt sie mit, um aufmerksam zu bleiben.

Was ist überhaupt Glück? Woher kommen meine Wünsche und Sehnsüchte? Werden sie sich erfüllen, zumindest die wichtigsten? Und wenn ja, was genau soll ich dafür tun?

Je mehr man sich mit diesen Fragen beschäftigt, umso klarer wird einem, wo man die Antworten *nicht* finden kann: im eigenen Kopf. Man kann sich eine solche Antwort nicht »überlegen«, nur weil man sie jetzt gerade haben will. Sie ist irgendwann ebenso plötzlich da wie zuvor die Frage. Die Quelle für diese Antworten liegt also offenbar irgendwo anders. Und dennoch fühlt es sich an, als wäre dieses »irgendwo anders« ein vertrauter Ort.

Was soll ich jetzt machen? Wieder einmal von vorne anfangen? Kämpfen? Aufgeben? Mehr lieben lernen? Loslassen?

Später, im Rückblick, wissen Sie es. Dann hat das Leben die Erklärungen gebracht und Sie würden Ihrem früheren Ich die Antworten am liebsten zurufen. Manchmal wird man auch ruhig und stellt fest, dass doch alles irgendwie »richtig« war. Vielleicht erkennt man auch einen tieferen Sinn in dieser Erfahrung.

Was ist der Sinn meines Lebens? Kann man das überhaupt beantworten? Und muss ich das überhaupt wissen? Wird alles besser, wenn ich es weiß? Und falls ja: Wer weiß es wirklich? Wem kann ich vertrauen? Wie erkenne ich, ob es stimmt?

An wen würden Sie sich wenden, wenn Sie Ihr Leben verstehen möchten? Wer könnte Ihnen sagen, warum Sie genau zu dieser

Zeit in genau diesem Leben sind? Warum Sie diese Eltern haben und nicht andere, genau diesen Körper, diese Begabungen, diese tiefen Sehnsüchte?

Wer wäre am besten geeignet, um Ihnen das so zu erklären, dass Sie die Wahrheit in der Antwort nicht nur hören, sondern auch in sich selbst spüren können? Vielleicht jemand, der Ihnen hilft, die Antworten auf Ihre Fragen selbst in sich zu fühlen?

Wie wäre es, wenn Sie den Teil von sich selbst befragen könnten, der die Übersicht über Ihr gesamtes Leben hat? Wie wäre es, wenn Sie Ihre Seele fragen könnten, was sie in diesem Leben vorhat? Wäre das eine gute Antwortquelle?

Sie können die Stimme Ihrer Seele hören, wenn Sie wissen, worauf Sie achten sollen. Sie können herausbekommen, was Ihre Seele geplant hat, was sie sich von diesem Leben wünscht und wie Sie ihr dabei helfen können, es zu erreichen.

Vielleicht stellen Sie gerade fest, dass sich die Vorstellung, den Wünschen Ihrer Seele zu folgen, gut anfühlt. Warum ist das so?

Weil diese Seelenwünsche der wahre Grund dafür sind, warum Sie hier sind.

Die Stufen der Erkenntnis bestimmen die Fragen zum Plan

Viele Menschen leben ein sehr erfülltes und glückliches Leben, ohne sich großartig mit Fragen nach dem »Woher, wohin, warum?« zu beschäftigen. Für sie stellt sich die Frage nach einem »Lebensplan« gar nicht. Andere beschäftigen sich fast ständig damit, ohne zufriedenstellenden Sinn, Glück und Erfüllung zu finden. Machen die einen etwas richtig und die anderen nicht?

Ob ein Mensch findet, was er in sich als Suche spürt, liegt daran, was genau er sucht. Und was er sucht, entscheidet nicht sein Verstand, sondern die Sehnsucht seiner Seele.

Wenn Ihre Seele geplant hat, viele Dinge in der Tiefe zu erfahren (vielleicht, weil nur so eine neue Ebene des Bewusstseins erreicht werden kann), geht es ums Verstehen. Dann werden Sie als Mensch viele Fragen haben und nach Antworten suchen. Sie werden ein abwechslungsreiches Leben führen, mit vielen Hochs und Tiefs und großen Wachstumsschritten.

Wenn es für die Seele hingegen wichtig ist, spezielle Erfahrungen auf einer bestimmten Ebene zu einem Abschluss zu bringen – also die jeweilige Spielebene im Spiel des Lebens fertig zu spielen –, dann geht es ums Handeln. Dann werden weniger Fragen da sein, und wenn doch welche auftauchen, wird man eher bereit sein, bestimmte Antworten einfach »zu glauben«, um dann weiter seinen Tätigkeiten nachzugehen. Nichts davon ist besser oder schlechter. Beides sind Phasen, die jeder von uns irgendwann erlebt.

Ab einem bestimmten Entwicklungsstand der Seele kann keine neue Ebene erreicht werden, indem man nur einfach sein Leben lebt und sich mit fremden Antworten zufrieden gibt. Es genügt dann nicht mehr, dem Verstand von außen her etwas »hinein zu erklären«, um die Fragen verstummen zu lassen. Die Fragen drängen nach Antworten, die man selbst fühlen und erleben kann. Es sind Fragen, die durch eigene Erfahrung beantwortet werden wollen.

Und erst dann beginnt die Suche wirklich.

Die drei großen Fragen des Lebens

Vielleicht haben Sie das in Ihrem Leben schon erlebt: Bestimmte Situationen verändern sich so lange nicht und bestimmte Ereignisse wiederholen sich so lange, bis Sie etwas Grundlegendes verstanden haben. In dem Moment, wenn Sie es wirklich verstanden haben, sind Sie frei. Dabei geht es noch nicht einmal um die Handlung, die darauf folgt. Ihre innere Freiheit entsteht in dem Augenblick, in dem Ihnen ein Licht aufgeht. Der Rest folgt wie von selbst.

Wenn Sie Sinn und Erfüllung in Ihrem Leben erfahren möchten, wenn Sie der Sehnsucht Ihrer Seele folgen möchten, wird Ihnen das Wissen um die großen Zusammenhänge und Kräfte des Lebens dabei helfen.

Woher…

… komme ich selbst? Wer bin ich und woher kommen diese Gefühle, Gedanken und Ereignisse in meinem Leben?

Wohin…

… will mich mein Leben führen? Gibt es einen Plan und wie soll ich den Weg erkennen?

Warum…

… geschieht dies alles? Was ist der Sinn und warum bin ich überhaupt hier?

Je klarer in Ihnen Ihre ganz persönlichen Antworten auf diese Fragen werden, umso mehr Annahme, Selbstvertrauen, Erfüllung und Liebe werden Sie in Ihrem Leben erfahren.

ERSTER TEIL

Der geheime
Plan
Ihres *Ichs*

»MEIN« LEBENSPLAN? –
WER GENAU PLANT DENN DA?

Es gibt zwei große »Planer« in Ihrem Leben. Der eine ist Ihr *Ich*, also der Teil, den man auch *Persönlichkeit* nennt. Ihr Ich hat Bedürfnisse, Wünsche und Ziele. Und es hat Erfahrungen, Wissen und Überzeugungen. Wenn diese beiden Bereiche – die Weltanschauung Ihres Ichs und die Wünsche Ihres Ichs – aufeinandertreffen, entsteht ein Plan. Und aus diesem Plan folgt eine ganz bestimmte Art des Handelns.

Der andere große Planer in Ihrem Leben ist Ihre Seele, also der Teil, der nicht Ihr Verstand und auch nicht Ihr Körper und Ihre Gefühle ist. Genauer gesagt, hat die Seele nicht Pläne oder Wünsche oder Ziele im herkömmlichen Sinn, weil sie nicht auf die gleiche Art »denken« kann wie der Verstand. Ihre Seele hat vielmehr ganz bestimmte »Absichten«, warum sie in dieses Leben gekommen ist. Sie als Mensch spüren diese Absichten in Form bestimmter Sehnsüchte.

Der Plan Ihres Ichs kann sich in wesentlichen Punkten deutlich von dem unterscheiden, was sich Ihre Seele für dieses Leben ersehnt. Wird die Abweichung des realen Lebensweges vom Seelenplan zu groß, so wird man das früher oder später sehr deutlich spüren.

Wie entstehen solche Abweichungen? Warum folgt nicht jeder Mensch einfach seiner Seelenspur? Sie werden es verstehen, wenn Sie sich ansehen, auf welche vier Arten die beiden großen Planer in Ihrem Leben gleichzeitig wirken können.

Was ist meine Seele?

Ihre Seele ist das, was übrig bleibt, wenn dieser Körper und Ihre Gedanken und Ihr Gefühl für »Ich« verschwinden. Ihre Seele ist die Antwort auf die Frage: Wer oder was bin ich? Sie _sind_ nicht Körper, aber Sie _bewohnen_ einen Körper. Sie _sind_ nicht Ihre Gedanken, aber Gedanken _laufen in Ihnen_ ab.

Tatsächlich sind Sie das, was dahinter liegt. Sie sind Seele.

Ihre Seele ist der Teil Ihres Bewusstseins, der immer wieder einen neuen Körper mit einem Verstand sucht, um begonnene Erfahrungen weiter oder zu Ende erleben zu können.

IHRE SEELE, IHR ICH UND DEREN PLÄNE

FALL 1: Der Plan Ihres Ichs widerspricht Ihrem Seelenplan nicht, aber er unterstützt ihn auch nicht besonders.

In diesem Fall würden Sie immer wieder erleben, dass viele Ihrer erfüllten Wünsche Sie nicht dauerhaft glücklich machen. Es fühlt sich eher an, als hätte man diese Sache »nun auch erledigt«. Eine Wunscherfüllung sorgt dann zwar für Erleichterung, sie macht oft auch viel Freude, aber gleichzeitig wissen Sie, dass das Erreichte kein bedeutsames Lebensziel war.

Angenommen, man verbringt sehr viel Zeit mit einer Arbeit, die einen nicht erfüllt oder sogar sinnlos erscheint. Dann versucht man vielleicht, diesen Mangel in der wenigen Freizeit auszugleichen. Man geht oft auf unterhaltsame Veranstaltungen, sieht viel fern, oder man kauft sich immer wieder neue Dinge. Irgendwann bemerkt man vielleicht, dass dies nicht mehr so erfüllend ist wie früher. Das Ich macht dann zwar noch, was es bisher immer gut fand, aber die Seele bekommt keine neuen Impulse mehr und damit ist es aus Seelenperspektive bedeutungslos. Was man tut, erfüllt einen nicht, obwohl es irgendwie für eine Weile Spaß macht.

Das schadet nichts, und für Ihr Ich kann das den wichtigen »Spaß am Leben« bedeuten. Aber vielleicht hilft Ihnen das Wissen um die unterschiedlichen Pläne, wenn Sie sich auf einmal gelangweilt fühlen oder Sinnlosigkeit spüren, obwohl Sie rein äußerlich alles machen wie immer. Sie könnten dann mehr Kraft und Argumente für einen Veränderungsschritt bekommen.

FALL 2: Der Plan Ihres Ichs arbeitet – ohne es zu wissen – dem Plan Ihrer Seele entgegen.

In diesem Fall würde Ihr praktisches Handeln in diesem Leben die Erfüllung der Seelensehnsüchte erschweren. Das kann oft zu Sinnfragen, Einsamkeitsgefühlen oder inneren Zweifeln führen, weil etwas in Ihnen spürt, dass die persönliche Lebensabsicht der Seele nicht erfüllt wird. Selbst wenn man noch nicht genau herausgefunden hat, was diese Absicht ist, so weiß man doch genau, dass es »dies hier nicht ist«. Man fühlt sich dann so, als würde man mit vollen Segeln und aller Kraft in die falsche Richtung fahren. Wiederholte und intensive innere wie äußere Kämpfe finden statt. Deutliche psychische Probleme oder unerklärbare Krankheiten tauchen auf. Unfälle oder Probleme sind ebenfalls häufige Begleiter. Das Leben verläuft tendenziell eher »kompliziert«.

Wenn man zum Beispiel innerlich an einem Menschen festhält, obwohl eine Beziehung tatsächlich sichtbar und spürbar auf allen Ebenen vorbei ist, begibt man sich in eine Illusionsfalle.

»Vielleicht erobere ich ihn/sie zurück. Es wird alles gut werden, wenn ich Entbehrungen auf mich nehme und warte. Ich werde nie mehr einen Menschen so lieben, wie ihn/sie.« Solche und ähnliche Ideen verhindern, dass neue Beziehungen mit neuen Erfahrungen für die Seele entstehen können. Das Ich klammert sich an seine Hoffnung oder will die Vergangenheit festhalten, die Seele möchte aber Neues erleben. Vielleicht haben Sie etwas Ähnliches selbst schon erlebt, und Sie dachten damals, es würde nie mehr etwas Besseres kommen. Nachdem Sie jedoch den Schmerz und die Trauer durchlebt hatten, kam dennoch etwas Besseres.

Auch das ist kein Fehler, sondern eine große Chance für Erkenntnis und Wachstum. Irgendwann – manchmal auch erst im fortgeschrittenen Alter – kommt man über diese Art zu leben zu tiefen Einsichten. Das ganze Leben und das Ich machen dann noch einmal eine grundlegende Wende durch. Je besser Sie den Plan Ihrer Seele und den Sinn Ihres Lebens verstehen, umso einfacher werden Sie alte Dinge im Tausch gegen neue Chancen loslassen können.

FALL 3: Ihr Seelenplan und der Plan Ihres Ichs stimmen – weitgehend – überein.
Was Sie praktisch entscheiden und tun, ermöglicht es Ihrer Seele, Ihre Absichten zu verwirklichen. Sie sind sozusagen voll auf Ihrer Lebensspur. Sie erfahren dies in Form von großen Glücksgefühlen, über Gefühle von Liebe zum Leben und als eine tiefe Verbundenheit mit der Schöpfung. Sie erleben »Übereinstimmung« mit dem Leben.

George und die Musik

*S*chon immer hatte George die Gnade einer berührenden Singstimme gehabt. Bereits als Kind trällerte er die Schlager im Radio mit überraschender Genauigkeit nach. Mit vierzehn imitierte er verschiedene Künstler stimmlich so genau, dass man glaubte, sie vor sich zu sehen. Georges Eltern hatten seine Begabung schon früh bemerkt, aber sie wussten um die brotlose Kunst des Singens und bestanden auf einer soliden Wirtschaftsausbildung. Nebenbei jedoch studierte George Gesang an einer Musikakademie.

Bald aber blieb ihm dafür immer weniger Zeit. Als er schließlich seine erste Stelle antrat, war für Musik nicht nur kaum Zeit – George fand das Singen auf einmal sinnlos, wenn man es mit all den wichtigen und gut bezahlten Aufgaben als Außendienstmitarbeiter verglich.

Eines Tages ermutigte die Firma ihre Mitarbeiter auf einer vorweihnachtlichen Veranstaltung dazu, auf einer kleinen Bühne ihre Hobbys vorzustellen. George entschied sich dafür – begleitet von musizierenden Mitarbeitern –, einige Lieder von bekannten Sängern vorzutragen. Was er zum Besten gab, war so überwältigend, dass die Kollegen im Publikum immer wieder klatschend nach Zugaben riefen. In einer Pause kam Georges Abteilungsleiter zu ihm. »Sie haben mehr Talent als die meisten Profisänger, die da draußen auf der Bühne stehen und CDs herausgeben«, sagte er und machte eine ausladende Handbewegung. »Wissen Sie das?«

George zuckte mit den Schultern. »Mit Talent ernährt man keine Familie. Als Außendienstler schon«, antwortete er.

Georges Chef ließ nicht locker. »So singen zu können ist ein Geschenk vom lieben Gott, George«, sagte er. »Das dürfen Sie nicht wegwerfen.« George spürte, wie er missmutig wurde. Er beendete das Gespräch und verließ kurz darauf die Veranstaltung. Sein Vorgesetzter hatte den Finger auf Georges alte Wunde gelegt. Natürlich war Singen schon immer sein Leben gewesen. Zu singen machte ihn wirklich glücklich. Und vor anderen Menschen zu singen, sie zu berühren und ihre Begeisterung zu spüren, war für George tausendmal mehr wert als der beste Jahresbonus. Doch was nützte das, wenn man damit kein Geld verdiente?

George legte das Thema wieder in seine innere Schublade und verschloss sie sorgfältig. Doch was sein Vorgesetzter gesagt hatte, ließ ihn nicht mehr los. Warf er wirklich ein Lebensgeschenk weg?

Ein paar Monate später hörte George von einer Castingveranstaltung für Nachwuchstalente. Ein Fernsehsender lud in der Nähe zum Vorsingen ein. Wieder klangen die Worte seines Vorgesetzten in Georges Ohren. »... ein Geschenk... nicht einfach wegwerfen...« George nahm allen Mut zusammen und meldete sich an.

Bis heute hat er drei CDs herausgegeben und steht viele Male im Jahr vor Tausenden von Menschen auf der Bühne. Und jedes einzelne Mal ist er selbst tief berührt davon, wenn seine Musik etwas in den Menschen bewegt.

FALL 4: Ihre Entscheidungen und Ihr Handeln folgen weder Ihrem Ich noch Ihrer Seele.

Diesen Zustand empfinden die meisten Menschen als den unangenehmsten, denn das bedeutet, dass man den eigenen Willen unterdrückt und keine Macht über das eigene Leben hat. Stattdessen folgt man fremden Einflüssen. Im Beruf muss man manchmal Kompromisse eingehen, um sein materielles Überleben zu sichern. Wenn das jedoch über einen langen Zeitraum hinweg und in allen Lebensbereichen so geschieht, wird sowohl aus der Sicht der Seele als auch aus der Sicht des Ichs die wertvolle Lebenszeit verschwendet. Deshalb verspüren wir gegen Fremdbestimmung intuitiv so großen Widerstand in uns.

Es heißt nicht ohne Grund: »Freiheit ist das höchste Gut«. Deshalb berührt es viele Menschen auch so sehr, wenn ein zuvor abhängiger Mensch seinen Weg in ein eigenes, unabhängiges Leben findet. Denken Sie an die Fälle, in denen ein Mensch aus benachteiligten Verhältnissen durch Talent, den Glauben an sich selbst und starken Willen zu Erfolg kommt. An Fälle, in denen ein ungerecht Verurteilter den Weg in die Freiheit findet. Immer wenn ein Mensch »seinen Weg« geht, finden das die meisten anderen überaus bewunderungswürdig. Der Grund ist, weil man beobachtet, wie jemand wenigstens einen Teil der Fremdbestimmung abschüttelt und der Sehnsucht seiner Seele folgt.

In der Praxis des täglichen Lebens können Sie wahrscheinlich nicht einfach alle Verpflichtungen über den Haufen werfen. Aber vielleicht ist es Ihnen möglich, sich eine Art Freiraum – eine regelmäßige, sichere Auszeit – nur für sich selbst zu schaffen. Dort folgen Sie Ihren ganz eigenen Ideen und Sehnsüchten, ganz gleich, wie unlogisch oder unnütz sie anderen erscheinen mögen.

DAS PRAKTISCHE SPIEL DER LEBENSKRÄFTE

Im praktischen Leben wirken fast immer alle Kräfte gleichzeitig. Zum Beispiel möchte man wirklich gerne ein schöneres Auto fahren und gleichzeitig entscheidet man sich, eine sichere Stelle loszulassen, um endlich seinem beruflichen Kindheitstraum folgen zu können. Abgesehen davon ist es an der Zeit, sich endlich von seinem Partner zu lösen, weil die Beziehung einen sehr belastet, aber man kann es nicht tun, weil man Angst vor dem Alleinsein hat. Und irgendwo muss man immer wieder Dinge tun, die man eigentlich nicht tun will, nur weil jemand anderes gerade Macht ausübt.

Nichts davon muss unbedingt verändert werden. Ihr Wissen darum, was geschieht, hilft Ihnen einfach nur dabei, sich selbst besser zu verstehen und anzunehmen. Und falls Sie Entscheidungen treffen wollen, können Sie herausfinden, was gerade wirkt und wem oder welcher Sache Sie folgen.

Sie selbst, als Mensch und Persönlichkeit, haben Wünsche und Bedürfnisse wie Liebe, Geborgenheit, Sicherheit, Anerkennung oder materielle Dinge. Die Erfüllung dieser Wünsche und Bedürfnisse ist die Sehnsucht Ihres Menschseins. Wenn Sie Ihre Wünsche und Bedürfnisse ablehnen, erzeugen Sie damit innere, miteinander kämpfende Kräfte. Diese Kräfte binden Ihre Seele an diese Welt und an das betreffende Thema, und zwar so lange, bis die Ablehnung verschwunden ist. Wenn Sie Ihrer Seele helfen wollen, dann nehmen Sie die Wünsche Ihres Menschseins an. Nichts an einem Wunsch ist falsch. Lieben Sie sich und Ihre Wünsche. Ihre Seele kann nur frei werden und heilen, wenn Sie sich Ihre menschlichen Wünsche nicht verwehren.

WER BIN »ICH«?
WOHER KOMMT MEIN ICH?

Weil Ihr Ich mit seinen ganz weltlichen Bedürfnissen, Interessen und Wünschen einer der beiden großen Pläneschmieder in Ihrem Leben ist, kommen Sie dem Verständnis über den Plan Ihres Lebens deutlich näher, wenn Sie wissen, woraus dieses Ich sich im Laufe Ihres Lebens entwickelt hat und woraus es heute besteht. Denn das bestimmt alle seine Handlungen, Ängste, Wünsche und Ziele. Sie müssen sich dafür nicht mit komplizierter und langer Selbstanalyse beschäftigen. Es genügt, wenn Sie das System besser verstehen, von dem Sie selbst ein Teil sind. Wie immer, wenn man um eine Ordnung und um Zusammenhänge weiß, werden sich die inneren und äußeren Dinge nach dieser Ordnung ausrichten. Vieles wird wie von selbst »seinen Platz finden« und wo dies nicht geschieht, werden Sie plötzlich neue Wege erkennen, um etwas zu klären und zu ordnen. Ihr Bewusstsein wird sich bezüglich der Fragen: »Wer oder was bin ich?« und: »Was geschieht hier?« schon allein dadurch erweitern, dass Sie das System verstehen. Sehen Sie sich zunächst einmal an, warum die Seele einen Körper sucht.

DAS GEHEIMNIS DER »EREIGNISFELDER« –
DIE ENTSCHEIDUNG DER SEELE ZUM LEBEN

Warum, wann und wo eine Seele in ein Menschenleben hinein-
geboren wird, entscheidet nicht der Zufall. Die Seele entschließt
sich für ein Leben (man sagt auch, sie »inkarniert«), wenn sie
Rahmenbedingungen erkennt, in denen sie ganz bestimmte neue
Ereignisse erleben und zuvor begonnene Erlebnisse abschließen
kann. Wann genau welches Erlebnis stattfinden wird oder kann,
steht dabei noch nicht fest. Der Seele genügt es, die Möglichkeit
für das Ereignis zu haben. Deshalb nennt man die Umstände,
von denen sich eine Seele angezogen fühlt, »Ereignisfelder«.

*Wenn die Lebensabsicht und
ein Ereignisfeld zusammenpassen,
entscheidet sich die Seele
für einen Körper.*

Ein Ereignisfeld ist sozusagen eine Bühne. Ein wichtiger Teil dieser Bühne sind ganz bestimmte andere Seelen, die ebenfalls das
Ereignisfeld betreten. Ebenfalls wichtig sind die Zeit (nicht in jedem Zeitraum ist jede Art von Erlebnis möglich) und die Umgebung (eine wichtige Startgrundlage ins Leben).

Wie bei einem Bühnenstück üblich, gibt es auch im Leben

einzelne Kapitel, es gibt Kulissenwechsel und das Bühnenstück ist zeitlich begrenzt. Die Anfangsrollen der Beteiligten sind klar erkennbar, auch wenn sie sich im Laufe des Stücks ändern können oder ganz verschwinden.

Innerhalb Ihres Lebens öffnen und schließen sich immer wieder ganz bestimmte »Ereignisfenster«, also begrenzte Zeitabschnitte, in denen bestimmte Erfahrungen möglich sind. Wenn ein solches Fenster nicht offen ist, können Sie die betreffenden Erfahrungen nicht machen, ganz gleich, wie sehr Sie es gerne hätten. Dann passt die Bühne nicht zum Erlebnis. Diese Ereignisfenster – Sie können sie auch »Gelegenheiten« nennen – öffnen und schließen sich nicht zufällig. Sie folgen aufeinander und stehen in logischem Zusammenhang.

Ganz praktisch ausgedrückt heißt das, Sie können keine bestimmte Art von Liebesbeziehung erleben, ohne dass sich ein Raum vor Ihnen öffnet, in dem sich ein passender Beziehungspartner zeigt. Selbst wenn Sie es noch so sehr wollen, kann der Raum im Moment verschlossen sein. Er war einmal offen und er wird sich wieder öffnen, aber erst dann, wenn Sie zuvor etwas anderes – eine Bedingung dafür – erlebt, verstanden und erfahren haben.

Vielleicht sollen Sie zuerst etwas Altes abschließen. Vielleicht hat dieses Alte in Ihrem System den Raum noch nicht frei gegeben, und so wird es weiterhin zum alten Lebensabschnitt passende Ereignisse und Menschen anziehen. »Wirklich loslassen« wäre dann das Ereignis, das geschehen muss, ehe sich der nächste Raum für etwas *wirklich* Neues öffnet.

Ein anderes Beispiel: Wenn Sie nicht gelernt haben, auch alleine glücklich zu sein, wird kein Partner kommen, der wirklich bei Ihnen bleibt und mit dem Sie eine erfüllende Partnerschaft leben können. Das wäre – im Rahmen des Lebensplans – sogar unlogisch und störend. Denn würde dieser Partner sofort kommen und für immer bleiben, könnten Sie in diesem Leben nicht mehr die Erfahrung machen, wie es ist, allein mit seinem eigenen Leben in Frieden zu sein.

»Glück ist allein der innere Friede.
Lerne ihn finden.
Du kannst es!
Überwinde dich selbst.
Und du wirst die Welt überwinden.«

SIDDHARTHA GAUTAMA, als BUDDHA
erwachter Weisheitslehrer und Begründer des Buddhismus
* ca. 563 v. Chr.
† ca. 483 v. Chr.

Bestimmen meine Wünsche wirklich mein Leben?

Was Sie erleben, ist manchmal nicht das, was Sie sich wünschen. Und dennoch wurde es durch etwas in Ihrem System angezogen. Drei Anziehungsmagneten holen bestimmte Menschen und Ereignisse in Ihr Leben:

★ Ihr erster Magnet ist das, was Sie haben wollen und sich als Ziel vorstellen: Ihre Wünsche.

★ Ihr zweiter Magnet ist das, was Ihre Seele sich ersehnt: Ihre wahren Sehnsüchte. Diese können sich von Ihren Wünschen unterscheiden.

★ Ihr dritter Magnet ist das, was Sie früher erlebt haben und nun vermeiden wollen: Ihre Ängste.

Jacob und die
unsichtbaren Mauern

Jacob wurde in einem winzigen Ort in einem kleinen Tal geboren. Sein Vater arbeitete als Schreiner und seine Mutter kümmerte sich um Jacob, seine drei jüngeren Geschwister und um den Haushalt. Jacobs Eltern hatten nicht viel Geld, aber durch Fleiß und Sparsamkeit hatten sie es zu einem bescheidenen Wohlstand gebracht. Sie konnten ihren Kindern ein Dach über dem Kopf und eine gute Ausbildung ermöglichen. Das Haus, in dem Jacob aufwuchs, war klein, mit niedrigen Decken und Fenstern wie in einer Puppenstube. Der winzige Garten, in dem Jacob seine Kindheit verbrachte, war auf drei Seiten vom Haus und von Mauern begrenzt. Die vierte Seite führte zum Parkplatz vor dem Hauseingang. Das Haus selbst fügte sich auf natürliche Weise in die Umgebung ein, denn alles in diesem Tal war winzig: die Dorfkirche, der Bäckerladen, der gleichzeitig auch Post, Lebensmittelgeschäft und Schreibwarenladen war. Ebenso das Sägewerk, in dem Baumstämme zu Zahnstochern und Streichhölzern verarbeitet wurden. Selbst das Feuerwehrauto in der kleinen Garage neben der Dorfschule war winzig. Die Männer im Dorf hatten einen alten Lieferwagen des Bäckers mit einem Wassertank versehen und rot angemalt. Das größte Gebäude im Ort war die Schule, in der Jacob nicht nur die ersten vier Klassen absolvierte, sondern schon davor seine drei Kindergartenjahre.

Jacob konnte sich nur an wenige Momente seiner frühen Kind-

heit erinnern, aber eines hatte sich deutlich eingeprägt: Zu den drei Steinmauern gab es noch eine unsichtbare vierte Mauer, die ihn daran gehindert hatte, den kleinen Garten zu verlassen. Diese Mauer versperrte ihm den Weg zum Parkplatz und sie bestand aus der eindringlichen Stimme seiner Mutter, in der fast immer Angst oder Besorgnis mitschwang: »Jacob, bleib hier! Nein! Jacob, nicht weiter! Tu das nicht! Pass auf! Jacob, das ist gefährlich!«

Andere Mauern hatten die tiefe, raue Stimme seines Vaters: »So geht das nicht, das musst du anders machen. Das brauchst du gar nicht erst versuchen. Das tut man nicht. Ich zeig dir mal, wie es richtig geht. Halte dich daran, was ich dir gesagt habe.«

Jacobs Leben als Kind bestand aus sichtbaren und unsichtbaren Mauern. Die sichtbaren waren weniger das Problem, die konnte er umgehen oder überklettern, wenn man ihn nicht gerade wieder davon abhielt. Das Problem waren die unsichtbaren Mauern. Manche von ihnen hörte er fast ständig in seinem Kopf: »Ohne Fleiß kein Preis. Das Leben gehört den Tüchtigen. Schuster, bleib bei deinen Leisten. Wer heute spart, leidet morgen keine Not.« Die Stimmen von Jacobs Eltern waren fast immer bei ihm.

Nachdem Jacob die vierte Klasse hinter sich gebracht hatte, durfte er eine weiterführende Schule im nächstgrößeren Ort besuchen. Damit vergrößerte sich seine Welt erheblich. Wenn er im Schulbus saß und aus dem Tal heraus den Hügel hinaufgefahren wurde, kam er sich vor wie ein Entdecker, ein kleiner Christoph Columbus des versteckten Bergtals auf der Suche nach neuen Ländern hinter dem Horizont. Auf diesen Fahrten wuchs in Jacob der Wunsch heran, die Welt kennenzulernen.

Nach seiner Ausbildung bekam er eine Stelle in der Nähe. Die Geldmenge, die er mit seinem ersten Gehalt erhielt, hätte bei vielen nur ein Achselzucken ausgelöst. Für Jacob war es eine Geldlawine, mehr als er jemals besessen hatte. Was sollte er mit so viel Geld anstellen?

Er brauchte nicht lange grübeln, denn als er nach Hause kam, sagte sein Vater: »Das musst du sparen, dann wird es mehr.« Jacob tat, was sein Vater sagte. Er arbeitete und sparte. Und er beobachtete seine Kollegen im Büro. Manche schienen nicht zu sparen, was sie verdienten. Man konnte das an ihren Autos erkennen und an der Art, wie sie sich kleideten.

»Dieses Auto ist schnell und es war teuer«, erklärte ein Kollege eines Tages auf einer gemeinsamen Fahrt zum Mittagessen. »Eigentlich völlig unvernünftig. Bestimmt hätte es auch ein kleineres getan, aber immer wenn ich in diesem hier sitze, habe ich das Gefühl von Freiheit. Dann geht es mir gut und mir macht meine Arbeit mehr Spaß.«

Das klang logisch. Ebenso logisch wie die Argumente seines Vaters. Jacob schaute sich verschiedene Möglichkeiten an, was man mit Geld machen konnte, und nach einem Jahr beschloss er, sich ein kleines Haus zu mieten, von dem aus er auf einen See sehen konnte. Ein Haus mit einem Garten, der weder von einem Zaun noch von einer Mauer begrenzt wurde.

Weder Jacobs Vater noch seine Mutter hatten auch nur einen Funken Verständnis für die Entscheidung ihres Sohns. Sie weigerten sich, ihn in seinem neuen Heim zu besuchen, und fortan galt er als der Verschwender in der Familie.

Jacob saß jeden Abend nach der Arbeit in seinem Garten ohne Mauern und blickte auf den See mit den Segelbooten, den Anglern, den Schwimmern und den Wasserskifahrern. Jacob wollte den See immer nur ansehen und spüren, wie groß er war. Stunde um Stunde saß er in seinem Liegestuhl und fühlte die Freiheit um sich herum. Immer wieder meldete sich dabei die Stimme seines Vaters oder seiner Mutter, aber Jacob entwickelte die Fähigkeit, sie abzuschütteln. So glaubte er zumindest.

Nach einem Jahr bekam Jacob eine Stelle mit deutlich mehr Verantwortung angeboten. »Eine Herausforderung«, nannte es Jacobs Chef. Wichtige Entscheidungen müssen gut überlegt werden, hörte er die Stimme seines Vaters in sich sagen. Jacob nahm sich einige Tage Zeit, um darüber nachzudenken. Er berichtete auch seinen Eltern davon, so wie er ihnen seit seinem Auszug jeden Sonntag bei Kaffee und Kuchen über alles in seinem Leben berichtete.

»Lieber nicht«, sagte Jacobs Vater. »Man kann sich sehr leicht überschätzen und dann macht man Fehler. Für Fehler wird man früher oder später entlassen. Freu dich über das, was du hast und mache das gut.«

Als sein Vater das sagte und seine Mutter ihn dabei besorgt ansah, spürte Jacob, wie der Druck auf seiner Brust zunahm und die Schlinge um seinen Hals enger wurde. Genau so, wie er es schon immer kannte. Er deutete dies als Zeichen, dass seine Eltern Recht hatten und dass er der Stelle nicht gewachsen war. Jacob lehnte die Beförderung ab.

Das war das letzte Angebot, das er von seinem Vorgesetzten

erhielt. Jacob erledigte seine bisherigen Aufgaben weiterhin so fleißig und gut, wie er es gelernt hatte, und ganz sicher war er einer der besten Mitarbeiter, die je an diesem Platz gearbeitet hatten. Doch eines Tages, nach etwa drei Jahren, änderte sich die Auftragslage im Unternehmen und ein Teil der Mitarbeiter wurde entlassen. Jacob war einer von ihnen.

Am Abend nach seinem letzten Arbeitstag saß er wieder vor seinem Haus im Liegestuhl und blickte auf den See hinaus. Doch das Gefühl von Weite war verschwunden. Es schien, als würden dieser Platz, dieses Haus mit diesem Ausblick, ihm die Kehle zuschnüren. Das war kein Haus, das war eine Geldvernichtungsmaschine. Genau wie sein Vater es immer gesagt hatte. Jacob konnte im Kopf überschlagen, wie lange sein Erspartes reichen würde, um die Miete für das Haus weiterzubezahlen, und diese Hochrechnung machte ihn nicht glücklich.

In den folgenden Monaten versuchte Jacob alles, um eine neue Stelle zu bekommen, aber die Lage war nicht besonders gut und viele Firmen entließen Mitarbeiter, statt neue einzustellen.

Bei den sonntäglichen Besuchen bei den Eltern setzte Jacob sein optimistischstes Gesicht auf, aber das fiel ihm immer schwerer, je geringer der Geldpegel auf seinem Konto wurde. Irgendwann kam der Tag, an dem Jacob ausziehen musste, weil er die Miete nicht mehr bezahlen konnte. Weil seine Reserven fast aufgebraucht waren, quartierte er sich als Übergangslösung im Haus seiner Eltern ein. In der ersten Nacht fand er keinen Schlaf. Er lag im Bett und hörte alle fünfzehn Minuten die Glocke der Kirchturmuhr, die ihn durch seine ganze Kindheit begleitet hatte.

Ich war in einer anderen Stadt, dachte er. *Ich habe eine gute Ausbildung und ich habe in einem Büro gearbeitet, ganz anders als mein Vater. Ich hatte ein großzügiges Haus am See, mit weitem Blick, das ganze Gegenteil vom Haus meiner Eltern. Und mein Auto ist auch nicht besonders nützlich und sparsam, ganz im Gegensatz zum Auto meiner Eltern. Ich dachte, ich hätte es geschafft, von ihnen loszukommen und nun liege ich wieder hier, wo mein Leben angefangen hat. Ich glaube, ich war niemals wirklich weg.*

In dieser Nacht, trotz all dem Druck auf seiner Brust und den engen Stricken um seinen Hals, fasste Jacob einen Entschluss. Er würde entgegen aller Ratschläge seiner Eltern eine Stelle im Ausland suchen. Schon immer hatte es ihn hinausgezogen und die winzigen Schritte, die er bisher gewagt hatte, waren bei weitem nicht das gewesen, was er sich als Kind im Schulbus erträumt hatte. Am nächsten Tag begann Jacob systematisch nach Angeboten im Ausland zu suchen. Es dauerte sieben Monate und brauchte einige Hundert Bewerbungen, aber er ließ nicht locker, bis schließlich eine Firma in England genau das brauchte, was er gelernt hatte.

Jacobs Eltern hatten für diese Entscheidung noch weniger Verständnis als zuvor für das Haus, und es schien fast, als würden sie ihn verstoßen wollen. Aber das störte ihn nicht. Er nahm die Stelle in England an und bildet heute die Brücke zu Kunden in seinem Heimatland. Obwohl er in England kein Haus mit Seeblick bewohnt, fühlt er sich dort freier als je zuvor in seinem Leben.

WIE ALLES BEGANN –
DAS FUNDAMENT IHRES ICHS

Wann genau begann Ihr Dasein auf dieser Welt? Es begann, als die Entscheidung Ihrer Seele gefallen war. Diese Entscheidung traf sie, als sie ein Ereignisfeld erkannte, das gute Chancen versprach, um mit der Beziehung zu bestimmten anderen Seelen an dem Punkt weiterzumachen, wo sie beim letzten Mal aufhören musste. In den ersten Schritten ging es aber zunächst darum, mit einem neuen Körper möglichst gut in die Welt zu kommen und dann schnellstmöglich die wesentlichen Grundfähigkeiten für das praktische Leben wiederherzustellen.

Vor der Stunde Null

Folgen Sie in Ihrer Fantasie doch einmal Ihrer Lebensspur zurück zum Anfang. Zu jenem Tag, als Sie geboren wurden. Sehen Sie das kleine Wesen, das gerade mit zusammengekniffenen Augen die ersten Atemzüge in der kühlen, hellen, lauten, neuen Welt macht? Das sind Sie. Gerade beginnt Ihr Leben in der Außenwelt.

Es sieht vielleicht nicht so aus, aber Sie haben bis dahin schon eine Menge erlebt. Bereits vor Ihrer Geburt haben Sie viel von der Außenwelt wahrgenommen. Sie haben Geräusche gehört, Bewegungen gespürt und die Gefühle Ihrer Mutter gefühlt. Aber Sie wussten nicht, was das alles ist und was Sie da draußen erwartet. Außerdem war es Ihnen zu diesem Zeitpunkt auch noch ziemlich egal.

Dennoch haben Sie eine Vielzahl von Zusammenhängen wahrgenommen, auch wenn Sie nicht darüber nachdenken konnten. Etwas in Ihnen bemerkte beispielsweise, dass bestimmte Bewegungen immer bestimmte Geräusche erzeugten. Dass bestimmte Klänge bestimmte Gefühle in Ihrer Mutter auslösten. Sie bemerkten, wann Harmonie herrschte und wann Aufruhr, und mit welchen Tönen und Bewegungen dies verbunden war. Sie konnten schon Stimmen unterscheiden (zum Beispiel die Ihres Vaters) und spürten Gefühle dazu (die Ihrer Mutter). Als Sie den Bauch Ihrer Mutter verließen und diese Welt betraten, hatten Sie schon einiges an Lebenserfahrung hinter sich gebracht. Nur war dies nicht Ihre eigene.

Die ersten Jahre Ihrer frühen Kindheit

Als Sie in Ihrem Leben ankamen, wurden Sie begrüßt. Sie können sich nicht daran erinnern, aber ein Teil von Ihnen speicherte es ab. Ganz bestimmte Gefühle wurden Ihnen entgegengebracht. Etwas in Ihnen – man spricht heute von einem so genannten Zellbewusstsein – konnte das wahrnehmen, auch wenn Sie selbst nun nicht mehr mit Ihrer Mutter verbunden waren. Diese Begrüßung sorgte dafür, wie Sie sich in dieser Welt willkommen fühlten. Das war Ihr allererster Eindruck.

In den folgenden Jahren, ungefähr bis zum Schulanfang, nahmen Sie eine unglaubliche Menge an Informationen und Gefühlen auf. Zu dieser Zeit gab es noch immer kein »Ich«, das sich darüber Gedanken machen konnte, ob etwas gut oder schlecht war, richtig oder falsch, riskant oder ungefährlich, ethisch korrekt oder unmoralisch, nützlich oder überflüssig.

Weil Sie selbst nicht darüber nachdenken konnten, brachte man es Ihnen bei. Im noch weitgehend leeren Buch Ihres Lebens füllten sich zügig die ersten Seiten. Sie selbst hatten keinen Einfluss darauf, was man dort hineinschrieb.

Bis Sie zur Schule kamen, war das erste große Kapitel fertig und es bekam den Titel:

»Bedienungsanleitung für das Leben«
Geschrieben in bestem Wissen und Können
und aufgrund eigener Erfahrung
Autoren: VATER & MUTTER.

Alles was Sie in Ihrer frühen Kindheit erlebt haben, war für Sie einfach nur »die Realität«. Erste Jahre voller Sinneseindrücke und Gefühle. Ein Zeitabschnitt, in dem Gefühle (Ereignisse der Innenwelt) zusammen mit Ereignissen in der Außenwelt erlebt wurden. Eine Zeit, in der Ihr Gehirn bestimmte Zusammenhänge erlebt und dafür eine innere »Grundverkabelung« erzeugt hat: Eine »So-ist-die-Welt«-Sicht.

Die Vorstellung von Kabelverbindungen im Gehirn kommt der Realität sehr nahe. Gehirnforscher nennen sie ein »neuronales Netzwerk«. Nervenleitungen werden zu einem bestimmten Thema auf ganz bestimmte Weise miteinander »verdrahtet« und erzeugen so das, was wir als Erinnerung erleben. Mit diesen Erinnerungen sind Gefühle verbunden und mit den Gefühlen wiederum bestimmte automatische Verhaltensweisen. Das Ganze nennt man eine »Prägung«.

Was also in den ersten Lebensjahren erlebt wurde, hat ein Grundprogramm – die Grundprägung – der späteren Persönlichkeit entstehen lassen. Es ist sozusagen der Startpunkt, von dem aus zum ersten Mal die Welt bewusst beobachtet wird. Als würden Sie zum ersten Mal aufwachen und bewusst feststellen, dass Sie auf einem Berggipfel stehen und die Welt betrachten. Nur wissen Sie nicht, wie Sie auf diesen Gipfel gekommen sind und wo sich der Berg befindet. Das, was Sie bis zum Horizont sehen können, ist für Sie die komplette Welt, und Sie glauben zunächst einmal, dass es darüber hinaus nichts anderes gibt.

Diese Grundprägung entsteht nicht ausschließlich dadurch, wie Sie erzogen wurden, oder was Ihre Eltern Ihnen gesagt oder beigebracht haben. Die Programmierung besteht aus dem, was Sie als Kind *erlebt* und *erfahren* haben. Was Sie gesehen, gehört und gefühlt haben. Das muss nicht identisch sein mit dem, was Ihre Eltern Ihnen »gesagt« oder gezeigt haben. Vielleicht sagten die Eltern häufig: »Wir lieben dich«, und gleichzeitig handelten sie nicht liebevoll. Oder sie sagten: »Es ist nur zu deinem Besten«, und taten Ihnen gleichzeitig weh.

Nun erkennen Sie vielleicht schon ein erstes natürliches Hindernis auf dem Weg, den Plan Ihres Ichs zu durchschauen: Sie erinnern sich nicht genau, was alles geschah, bevor Sie zu einem Ich wurden. Sie kennen nicht den ganzen Berg, auf dem Sie stehen, kennen nicht das ganze Fundament, auf dem Ihr Ich aufgebaut ist. Und dennoch ist eines sicher: Die Gefühle, Wünsche,

Gedanken und Entscheidungen des Ichs bauen auf diesem Fundament auf.

Nun könnte ein Teil von Ihnen denken: Wie schrecklich... Ich wurde mit Informationen ausgestattet, ohne etwas entscheiden zu können. Und die wirken sich nun auf mein ganzes Denken und Leben aus... Wo ist da der Sinn?

Da die Schöpfung vollkommen ist, können Sie darauf vertrauen, dass auch dieser Ablauf kein fehlgeleiteter Prozess ist. Es ist einfach nur ein Naturgesetz, dem jeder einzelne Mensch, der je auf dieser Erde gelebt hat, ausgesetzt ist. Und wenn es alle Menschen betrifft, kann es dann ein Fehler sein? Oder ist es nicht vielmehr einfach nur das, was unser Menschsein ausmacht?

Ab dem Schulalter

Irgendwann wurden Sie sechs Jahre alt und das war der Beginn eines neuen großen Entwicklungsabschnitts. Es war, als würde jemand einen Hebel in Ihnen umlegen und eine neue Dimension von Wahrnehmung für Sie freischalten. Sie konnten plötzlich nicht mehr nur Zusammenhänge lernen, sondern wirklich über das nachdenken, was Sie beobachteten, erlebten und fühlten. Sie konnten sich eine eigene Meinung bilden. Es entstand sehr schnell das, was man ein »Ich-Bewusstsein« nennt. Eine kleine Persönlichkeit beobachtete nun die Welt um sich herum von einem inneren Standpunkt aus und machte sich ganz persönliche Gedanken darüber.

Ihre Eltern bekamen diese große Veränderung vielleicht nicht ganz bewusst mit und versuchten weiterhin, ihre eigene Bedienungsanleitung für das Leben in das Lebensbuch ihres Kindes zu schreiben. Doch etwas in Ihnen wollte das nicht mehr. Sie wehrten sich gegen die fremden Einträge. Sie hatten genug damit zu tun, zu überprüfen, ob das, was man Ihnen in den ersten fünf Jahren in Ihr Buch geschrieben hatte, auch der Realität entsprach.

Sie wurden zu einem Erforscher der Welt Ihrer Eltern. Sie verglichen alles, was Ihnen auffiel, mit allem, was man Ihnen beigebracht hatte. Ständig blätterten Sie in der Anleitung nach und wollten in der Praxis prüfen, ob es stimmte. Damit übertraten Sie auch immer wieder die vielleicht gut gemeinten Grenzen und Regeln Ihrer Eltern.

Wenn in Ihnen eine Unstimmigkeit aufkam, fragten Sie nach und baten um Erklärungen. Je nach dem Grad ihrer eigenen Bewusstheit freuten sich Ihre Eltern über das kritische Forscherinteresse ihres Kindes – oder auch nicht. Vielleicht überdachten sie das, was sie Ihnen beigebracht hatten, nochmals, oder sie erklärten Ihnen genau, wie sie zu der Ansicht gekommen waren. Oder sie wiesen Sie an, sich an die Bedienungsanleitung zu halten und still zu sein.

Ihre alte und weise Seele, die in Ihrem jungen Ich den Forscherdrang weckte – welcher wiederum zu spannenden Experimenten in Ihrer Jugend mit all den kritischen Fragen führte –, machte Ihnen das Leben in den ersten Jahren nicht leicht. Und Ihren Eltern auch nicht.

Vielleicht glaubten Ihre Eltern damals, dass die Aufgabe von Vater und Mutter darin bestünde, dem Kind den Lebensweg zu weisen? Oder ihm einen Plan mitzugeben? Vielleicht kamen sie nicht auf die Idee, dass ihre Aufgabe darin liegen könnte, ein Kind vor allem an die Grundabläufe und Zusammenhänge des Alltags zu erinnern, die es ohnehin schon aus früheren Leben kennt? Und das auf eine Weise, dass sich der neue Mensch unter ihrer Obhut möglichst schnell eine eigene Meinung bilden kann, um dort weiterzumachen, wo seine Seele im vorherigen Leben aufhören musste.

Vielleicht wussten Ihre Eltern das alles nicht und wollten deshalb die Bedienungsanleitung immer weiter und weiter schreiben? Wie auch immer Ihre frühen Jahre abliefen, eines ist klar: Sie haben Spuren hinterlassen, auf denen der Plan Ihres Ichs für dieses Leben aufbaut.

Wann bin ich wirklich endgültig ich?

Heute sind Sie erwachsen. Wenn Sie es nicht wollen, müssen Sie sich nicht mehr den Ideen und dem Einfluss Ihrer Eltern aussetzen. Sie sind freier als früher. Das Leben wirkt auf Sie ein und nicht mehr Ihre Eltern, außer Sie entscheiden sich anders. Ihr Ich, das sich in Ihnen ab dem Schulalter herausgebildet hat, setzt sich nun persönlich mit dem Leben auseinander.

Dieses Leben in der Außenwelt verändert sich ständig, und weil Sie selbst untrennbar damit verbunden sind, verändert sich Ihr Leben im Inneren ebenfalls immer wieder deutlich.

Sie können das selbst nachprüfen: Manche Ereignisse, die Sie früher tief bewegt oder in Aufregung gebracht hätten, berühren Sie heute nur noch wenig. Dafür dreht sich jetzt vielleicht eines Ihrer Hauptinteressen um ein Thema, das Sie früher kaum wahrgenommen haben.

Ihr Ich erlebt das Leben ständig anders, je nachdem, welche Erfahrungsebene es gerade verlassen hat und welche neue Ebene es im Moment erreicht. Eine Erfahrungsebene besteht aus Lebensereignissen, aus der Art, wie Sie die Ereignisse wahrnehmen und aus dem, was sie daraus erkennen. Jedes Mal, wenn Sie eine Ebene des Lebens vollständig »durchlebt und verstanden« haben, verändern Sie sich.

Übrigens ging man noch vor einiger Zeit davon aus, dass das, was man »Persönlichkeit« nennt, etwa ab der Mitte des Lebens stabil ist. Heute weiß man, dass sich selbst gegen Ende des Lebens noch einmal vieles grundlegend ändern kann. Der aktuelle Wissensstand in der Psychologie ist, dass das, was wir als »Ich« empfinden, sich im Laufe des Lebens etwa fünfzig Mal ändert. Mit jeder dieser Veränderungen ändert sich jedoch auch Ihre Wahrnehmung der Welt, Ihr Empfinden für die Menschen in Ihrem Leben und damit Ihre Beziehungen. Das geschieht meist unbemerkt von Ihnen selbst, weil das Ich sich selbst nicht sehen kann. Sie bemerken es nur in den Momenten, in denen Ihnen auffällt, dass Sie heute »die Welt mit anderen Augen sehen« als früher. Manchmal spüren Sie auch ganz deutlich, dass Sie »heute nicht mehr derselbe Mensch« sind wie früher. Oder andere weisen Sie darauf hin. Vielleicht sagen sie zu Ihnen: »Du bist so

Welche Bedeutung hat die Suche nach dem Glück?

Glück ist ein Wegweiser, gesendet von der Seele an das Ich. Sie erfahren immer dann Ihr persönliches Glück, wenn Sie dem Plan Ihres Lebens ein weiteres entscheidendes Stück gefolgt sind. Das kann durch ein großes oder auch ein winziges Erlebnis geschehen. Das Glück kann durch eine Erkenntnis entstehen oder durch das Erschaffen eines Werkes, durch den Abschluss oder den Beginn einer Beziehung oder durch die Erfüllung eines Wunsches. Glück ist, wenn die Seele vor Freude singt.

anders geworden.« Oder sie sagen: »Ich erkenne dich gar nicht mehr wieder.« Wenn Sie das hören, können Sie sich freuen. Vielleicht denken Sie sich: »Das will ich auch hoffen.«

Ständige innere Bewegung ist also viel eher der Normalzustand als ständiges Gleichbleiben. Sollte Sie also Ihr Leben wieder einmal kräftig durchschütteln, dann wissen Sie jetzt immerhin, dass Sie dabei gleichzeitig eine weitere Veränderung an Ihrem Ich erleben.

WIE ERLEBT MEIN ICH DIESES LEBEN?

Wenn Ihr Ich einer der beiden großen Planer in Ihrem Leben ist und wenn sich Ihr Ich ständig verändert – was bedeutet das dann für die Pläne des Ichs? Möglicherweise bedeutet es, dass Sie sehr flexibel sein dürfen, was Ihre Aussagen, Überzeugungen und Pläne angeht. Sie dürfen mit sich selbst milde umgehen, denn das, was andere vielleicht »instabil« nennen würden, könnten für Sie auch immer wieder deutliche Erkenntnissprünge sein.

Wenn Ihr Gefühl zu sich selbst sich ständig verändert, werden Sie automatisch zu wechselnden Gefühlen und Entscheidungen kommen hinsichtlich dessen, was Sie tun sollen. Das ist einerseits sehr lebendig, andererseits kann es auch sehr verwirrend sein.

Wie können Sie also zu mehr Klarheit und innerem Frieden kommen?

Indem Sie den Klang Ihrer Seele von der Stimme Ihres Ichs unterscheiden lernen. Sie werden weiterhin beiden Planern folgen, aber Sie werden immer deutlicher wissen, wer gerade spricht und was genau zu tun ist.

ICH ODER MEINE SEELE –
WER ENTSCHEIDET HIER?

Die Frage, ob wir einen freien Willen haben – und wenn ja, wie weit sein Einfluss geht –, ist so grundlegend und bewegend, dass es sich lohnt, ein weltbekanntes Experiment und seine spätere Wiederholung näher anzusehen.

Der amerikanische Bewusstseinsforscher Benjamin Libet untersuchte in einem aufwendigen wissenschaftlichen Experiment in den 1980er Jahren die Beschaffenheit des freien Willens. Dazu maß er die Gehirnströme seiner Probanden, wenn sie eine Entscheidung trafen und durchführten, also zum Beispiel einen Gegenstand von einem Tisch in die Hand nahmen. Dabei stellte er fest, dass bei allen Testpersonen ein immer gleicher typischer Kurvenausschlag – ein »Peak« – auf seinem Messgerät auftauchte. Damit kannte er den genauen Impuls, der den Vorgang des Greifens veranlasste.

Dann installierte Libet eine spezielle Uhr, die sehr fein ablesbar war und bat den jeweiligen Probanden, sich die genaue Zeit zu merken, wenn er die Entscheidung zum Greifen des Gegenstandes traf. Wann genau der Teilnehmer zugreifen wollte, wurde seinem freien Willen überlassen.

Wie zuvor maß der Forscher die Gehirnströme beim Greifimpuls und hielt dieses Mal exakt den Zeitpunkt fest, wann sie auf dem Messgerät sichtbar wurden. Diesen verglich er mit dem Zeitpunkt, den der Versuchsteilnehmer als »meine Entscheidung« nannte. Das Ergebnis war über viele Untersuchungen und Teilnehmer hin sehr genau reproduzierbar und zeigte immer den gleichen Wert: Es gab einen Zeitunterschied von etwa 0,4 Sekunden zwischen dem Gefühl, man würde sich jetzt entscheiden etwas zu greifen und dem Greifimpuls selbst.

Warum das Experiment die (Fach-)Welt bewegte, war die Tatsache, dass der (unbewusste) Greifimpuls *vorher* da war. Also noch *vor* der Entscheidung des Verstandes. Die Reihenfolge war genau umgekehrt, als man es erwarten konnte. Nicht die Entscheidung bewirkte den Handlungsimpuls zum Greifen des Gegenstandes. Die Entscheidung kam erst 0,4 Sekunden *danach*. Einfach ausgedrückt: Wenn das Gehirn denkt, es würde eine Entscheidung treffen, ist die Entscheidung bereits gefallen.

Wer oder was entscheidet da?

Libet fasste sein Ergebnis einmal so zusammen: »Diese 0,4 Sekunden sind Gott.«

Das Experiment bewegte die Bewusstseinsforschung so sehr, dass es vor kurzem mit modernen Methoden und Geräten im Zentrum für Computational Neuroscience in Berlin sinngemäß wiederholt wurde. Das Ergebnis war dieses Mal noch eindrucksvoller: Das Gefühl, man würde eine Entscheidung treffen, kommt erst 7 bis 10 Sekunden nach dem unbewussten Impuls. Die tatsächliche Entscheidung wird also bereits viel früher getroffen, als der Verstand es glaubt. Man konnte am Messgerät mit außerzufälliger Wahrscheinlichkeit vorhersagen, welche Entscheidung der Proband treffen würde, noch eher er selbst es wusste.

Haben wir also überhaupt einen freien Willen? Was spricht da durch uns hindurch und veranlasst uns zum Handeln?

Die ungewöhnlichen Ergebnisse der Untersuchungen werden verständlich, wenn man weiß, wie Körper (mit seinen Gefühlen), Geist (Verstand, Ich) und Seele zusammenhängen. Die Seele hat eine Lebensidee. Sie hat Aufgaben und Ziele für dieses Leben. Um möglichst viele davon zu erleben, ist sie darauf angewiesen, dass der Mensch mit seinem Ich-Verstand bestimmte Handlungen vollzieht. Deshalb sendet sie ständig Handlungsimpulse.

Sie kennen solche Impulse selbst. Wenn Sie beispielsweise einen Menschen sehen, zu dem Sie spontan eine Resonanz fühlen, sagt ein Teil in Ihnen: »Sprich ihn/sie an.« Vielleicht meldet sich dann Ihr Verstand und sagt: »Das kann man doch nicht machen.« Oder: »Ich habe doch gar keinen Grund dazu.«

Die Seele hat einen Grund, deshalb sendet sie den Impuls. Und der Verstand hat seine Programme, Muster und Prägungen aus der Vergangenheit. Deshalb unterbindet er den Impuls.

Der Verstand entscheidet nicht wirklich aktiv. Er spürt den Impuls und hat zwei Möglichkeiten: Er kann ihn durch sich hindurch wirken lassen und in Handlung umsetzen. Oder er kann dem Impuls widersprechen und die Handlung unterdrücken.

Deshalb bereichert es Ihr Leben so sehr, wenn Sie spontan Dinge tun. Und es macht Ihr Leben so unlebendig und unbefriedigend, wenn alles immer abgewogen, völlig durchdacht und geplant wird.

Das ist einer der Gründe, weshalb das Meditieren für viele Menschen so erfüllend ist. In der Meditation wird der Verstand ruhig und man kann die Stimme der Seele hören. Daher kommen vielen Menschen die besten Ideen auch im Halbschlaf oder nach tiefen Entspannungszuständen, wenn der Wachverstand keine Einsprüche gegen die Botschaften und Impulse der Seele erhebt.

Wie diese Impulse wirken, wenn sie nicht vom Verstand behindert oder missverstanden werden, können Sie gut bei kleinen Kindern beobachten. Ein kleines Kind denkt kaum auf komplizierte Art nach. Es nimmt etwas wahr und folgt dem Impuls, es zu erkunden. Es ist ständig auf der Suche nach neuen Erlebnissen und Entdeckungen.

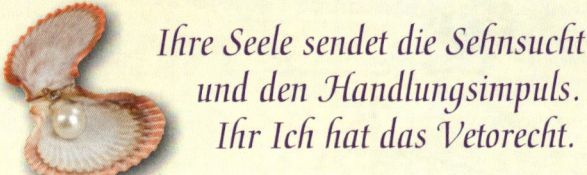

Ihre Seele sendet die Sehnsucht und den Handlungsimpuls. Ihr Ich hat das Vetorecht.

Wenn Sie also allzu viel nachgrübeln und jede Ihrer Entscheidungen zu sehr abwägen, verhindern Sie dabei vielleicht den Plan Ihrer Seele. Manche Chancen, besonders im zwischenmenschlichen Bereich, bieten sich nur kurz an. Die Seele würde zugreifen. Bis der Verstand seine Ängste überwunden hat, ist es vielleicht zu spät. Nun können wir den Verstand nicht einfach völlig ausschalten, selbst wenn wir um all diese Zusammenhänge wissen. Zum Glück, denn wie ein kleines Kind durchs Leben zu gehen, ist für die wenigsten von uns möglich. Was man aber tun kann, ist, diese Impulse seiner Seele zu erkennen – und auch wahrzunehmen, wenn der Verstand wieder einmal ein Veto gegen eine spontane oder freudige Idee einlegen will.

Sie sind nicht Gedanken. Sie sind Seele. Die Kraft Ihrer Gedanken endet vor den Toren zu Ihrer Seele. Es gibt keine größere Kraft in Ihrem Leben als die Sehnsüchte Ihrer Seele und die Aufgaben, die sie in dieses Leben bringt. Kein Gedanke vermag diese Kraft zu verändern.

Grundsätzlich können die Ideen, Ziele, Bedürfnisse, Wünsche oder Ängste des Verstandes den Ruf der Seele entweder unterstützen oder ihn übertönen.

Je mehr Sie wissen und je feiner Ihre Wahrnehmung wird, umso genauer können Sie erforschen, was in Ihnen abläuft. Dann lernen Sie Gedankenwünsche und Seelensehnsüchte zu unterscheiden.

Wo beginnt und endet die Kraft meiner Gedanken?

DIE »RICHTIGE« ENTSCHEIDUNG TREFFEN – GEHT DAS ÜBERHAUPT?

Was also sind die »richtigen« Entscheidungen, wenn es darum geht, dem Plan des Lebens möglichst gut zu folgen? Wenn man nicht gegen den eigenen Lebensplan arbeiten, sondern mehr mit ihm fließen möchte? Wenn man es sich selbst und seiner Seele nicht unnötig schwermachen will? Wenn man mehr inneren Frieden, Stabilität und Glück erleben möchte? Wie sehen sie aus, die Entscheidungen, die einen auf die richtige Lebensspur bringen?

Um dem Plan Ihres Lebens folgen zu können, liegt Ihre große Aufgabe darin, die Programme und Wünsche Ihres Ichs von den Sehnsüchten Ihrer Seele unterscheiden zu lernen. Und dann immer mehr den Sehnsüchten zu folgen.

Praxisübung: Den Plan der Seele abfragen

Wenn Sie herausfinden möchten, was Ihre Seele zu einer Idee meint, über die Ihr Verstand – also Ihr Ich – sich noch unschlüssig ist, hilft Ihnen vielleicht folgende Übung weiter.

FALL 1: Zwischen zwei Möglichkeiten entscheiden.

Wenn Sie sich zwischen zwei Alternativen entscheiden müssen, formulieren Sie die beiden Alternativen wie Gegensätze auf einer Skala. In der Mitte ist der Nullpunkt. Links geht die Skala bis 10 und am Ende liegt die Möglichkeit Nr 1. Rechts geht die Skala ebenfalls bis 10 und am Ende liegt die Möglichkeit Nr 2.

Stellen Sie sich vor, Sie hätten ein Reiterchen oder einen kleinen verschiebbaren Punkt. Schieben Sie das Reiterchen vor Ihrem inneren Auge auf der Skala einige Male ganz locker hin und her und fühlen Sie, bis wohin es sich schieben lässt. Wo will es hin? Wo ist der richtige Punkt? Er ist dort, wo sich der Schieberegler »richtig« anfühlt, wo er bleiben will.

Das Ergebnis ist die Antwort Ihrer Seele oder Intuition auf Ihre Frage. Es ist frei von den Argumenten oder Ängsten des Verstandes.

FALL 2: Eine Einzelentscheidung abfragen.

Wenn Sie wissen möchten, ob eine einzelne Entscheidung oder ein Gegenstand zu Ihnen und Ihrem Lebensweg passt, stellen Sie sich eine Skala von 0 bis 10 vor. 10 bedeutet, es ist perfekt für Ihr Leben. Stellen Sie sich die Möglichkeit oder den Gegenstand, um den es geht, vor und dann stellen Sie sich die Skala mit einem verschiebbaren Reiterchen vor. Fragen Sie sich: Wo auf der Skala liegt dieser Gegenstand? Welchen Skalenwert bekomme ich, wenn ich mir vorstelle, dies zu tun? Schieben Sie den Reiter wieder hin und her, bis er den Platz gefunden hat, an dem er sein will.

Alles, was unter 8 liegt, passt nicht zu Ihnen. Alles, was unter 5 liegt, schadet Ihnen sehr wahrscheinlich deutlich mehr als es nützt.

Um Vertrauen zu dieser Methode zu finden, beginnen Sie am besten mit einfachen Dingen, die Sie anschließend überprüfen können. So könnten Sie zum Beispiel Lebensmittel im Supermarkt auf dieser Skala erfühlen. Passen sie zu Ihnen? Werden sie Ihrem System guttun? Sie können auch abfragen, ob Sie zu einer Veranstaltung gehen sollen und danach sehen, ob es Ihnen guttat oder nicht. Oder ob ein Kinofilm Sie bereichert oder ein Buch. Wenn Sie mehr Vertrauen zu dieser Methode haben, können Sie einen künftigen Arbeitsplatz abfragen oder einen Wohnort, eine Wohnung oder ein Haus. Spielen Sie mit diesem wundervollen Werkzeug und überprüfen Sie immer wieder die Ergebnisse.

Auf diese Weise können Sie einen bedeutenden Berater immer stärker in Ihre Entscheidungen mit einbeziehen: Ihre Seele.

DEM LEBENSPLAN IHRES ICHS AUF DER SPUR

Sie können an jeder beliebigen Stelle damit anfangen, Ihrem Lebensplan auf die Spur zu kommen. Im Hier und Jetzt, in der Betrachtung Ihrer Kindheit, in Ihrer Beziehung, auf Ihrem bisherigen Berufsweg, anhand Ihrer Gefühle und Ihrer Gedanken. Sie können mit Ihrer Wohnung beginnen oder mit Ihrem Körper, mit Ihren Fähigkeiten oder Ihren scheinbaren Unfähigkeiten ...

Sie können deshalb mit jedem Bereich anfangen, weil alles, was geschehen ist, und alles, was Sie jetzt gerade um sich haben, ein Ergebnis ganz bestimmter Kräfte in Ihrem Leben ist. Es ist weder das Resultat von Bevorzugung oder Benachteiligung noch von Glück oder Pech oder von anderen Zufällen. Es ist das Ergebnis Ihres Lebensplans und davon, wie Sie auf diesen Plan reagiert haben.

Wie der Plan Ihres Lebens aussieht und was er in bestimmten Momenten von Ihnen will, erfahren Sie entweder über Ihre Außenwelt oder über Ihre Innenwelt. Es kann sein, dass Sie sich von bestimmten Ereignissen, Botschaften und Impulsen leiten lassen. Andere hingegen sind Ihnen vielleicht unklar oder Sie nehmen sie gar nicht wahr. Und wieder andere sind eigentlich klar und deutlich, aber Sie entscheiden sich dennoch anders.

Sie machen zu keinem Zeitpunkt einen Fehler, denn Sie handeln genau so, wie Sie es im Moment verstehen. Manches bringt Sie dann genau auf die Spur, die sich »richtig« anfühlt. In anderen Fällen erkennen Sie, dass eine andere Entscheidung vielleicht besser gewesen wäre. Aber nichts davon war oder ist ein Fehler, denn das Leben wird Ihnen immer wieder die Möglichkeit geben, neu zu entscheiden und neue Erlebnisse zu erzeugen.

DIE UNVERÄNDERLICHEN STARTBEDINGUNGEN FÜR IHR LEBEN

Wenn Sie sich Ihr Leben ansehen, werden Sie feststellen, dass es unveränderliche Dinge gibt, die von Beginn an wie eine Art Rahmen wirken.

Falls Sie sich also ab und zu fragen, was nun Teil Ihres »Schicksals« oder Ihrer »Bestimmung« ist – die folgenden unveränderlichen Rahmenbedingungen für Ihr praktisches Leben gehören dazu.

Die erste Rahmenbedingung: Ihre Eltern

Es ist kein Zufall, dass sich Ihre Seele genau diese Eltern ausgesucht hat. Und wie immer Ihre Kindheit auch ausgesehen hat – es wäre normal, wenn Sie daran verschiedene Seiten entdeckten. Einige, die Sie gut fanden und andere, die Sie so lieber nicht erlebt hätten. Inzwischen liegt das aktive Erleben wahrscheinlich hinter Ihnen und Sie können die Wirkung auf Ihr Ich und auf den Plan Ihres Ichs untersuchen.

Ihr frühes Ich, also der kleine Mensch, der Sie damals waren, hat seine Eltern beobachtet, erlebt, gefühlt und Entschlüsse gefasst. Genau diese Entscheidungen sind nun – offen oder versteckt – ein Teil des Plans Ihres Ichs. Frühe Grundentschlüsse wirken oft sehr stark und sehr lange, manchmal das ganze Leben lang.

»Ich habe sie/ihn genau beobachtet und ich wollte nie werden wie meine Mutter/mein Vater. Und nun sehe ich mein Leben an und stelle fest, dass sich so vieles wiederholt hat.«

»Ich wollte – in dieser oder jener Hinsicht – immer werden wie mein Vater. Ich fand es toll, wie er das gemeistert hat. Und nun sehe ich mein Leben an und stelle fest, dass es mir nicht gelungen ist.«

Solche Gedanken fallen den meisten Menschen irgendwann im Leben auf. Wie immer sie im Detail aussehen, gibt es zwei ganz einfache Grundhaltungen, die auf einer immer wieder getroffenen inneren Entscheidung beruhen: »Dafür oder dagegen?«

Was hat das Kind beobachtet und was hat es beschlossen? Daraus entwickelt sich der spätere Plan und das Verhalten. Sie können sich die beiden Grundhaltungen einfach merken, wenn Sie sich fragen: Wo bin ich eher eine Kopie meiner Eltern und in welchen Bereichen bin ich eher das Gegenteil von ihnen geworden? Wo versuche ich, es Ihnen gleich zu tun, und wo versuche ich, möglichst weit am anderen Ende der Skala zu leben?

Der Gegenteil-Typ

»Meine Eltern wollten immer, dass ich so und so werde. Aber ich wollte das nie. Also habe ich damals beschlossen: Sobald ich selbst entscheiden kann, werde ich es niemals so machen, wie sie es von mir wollten.«

Angenommen, ein Kind hat sehr angepasste und konservative

Eltern, welche versuchen, ihr Kind zu einer Kopie von sich selbst zu machen. Um dem gerecht zu werden, kann sich das Kind so fühlen, als müsste es eine Maske aufsetzen oder eine Zwangsrolle erlernen, obwohl es sich selbst ganz anders empfindet. Wenn es größer wird und sich eine eigene Meinung bildet, versucht das Kind sich vielleicht von diesem Einfluss zu befreien, indem es sich möglichst gegenteilig verhält, kleidet und frisiert. Vielleicht auf eine Art, die den Durchschnittsmenschen schockieren soll. Auf diese Weise kann es den Erfolg überprüfen: »Wenn Menschen, die so sind wie meine Eltern, mich ablehnen, habe ich es gut gemacht. Dann bin ich ganz anders geworden und bin dem Zwang entkommen.« Was man dann sieht, ist nicht die wirkliche Persönlichkeit dieses Menschen, sondern der Versuch einer Befreiung, der in einer neuen Form von Maske endete.

Der Kopie-Typ

»Meine Eltern wollten immer, dass ich so und so werde, und ich habe mich redlich bemüht. Vieles davon habe ich geschafft, an manchem arbeite ich noch und manches gelingt mir einfach nicht. Aber weitgehend finde ich diesen Weg gut.«

Wenn ein Kind seine Eltern sehr schätzt und liebt, neigt es vielleicht dazu, es ihnen nicht nur recht machen zu wollen, sondern auch möglichst ähnlich wie sie sein zu wollen. Das kann in seltenen Fällen vielleicht passend für den Lebensweg sein, es kann aber auch das Gespür für die eigenen Sehnsüchte und Fähigkeiten etwas zurückdrängen. Um sich nicht als unglückliche Kopie fühlen zu müssen, hilft manchmal folgende Erkenntnis:

»Ich liebe und schätze meine Eltern sehr. Und ich sehe mit all meiner Liebe, dass Sie in Ihrem Leben Ihrem Plan folgen. Und ich entscheide mit all meiner Liebe zu mir, dass ich in meinem Leben ausschließlich meinem Plan folgen werde.«

Wenn Sie dem Plan und dem Einfluss Ihrer Seele folgen möchten, hilft es, vom Plan und Einfluss der Eltern unabhängiger zu werden.

Falls Sie das Gefühl haben, dass Ihre Eltern teilweise noch ein Lebensthema für Sie darstellen und Sie sich mehr Klarheit darüber wünschen, helfen Ihnen die folgenden Fragen.

Praxisübung: Fünf Fragen zur Klarheit über die Botschaften Ihrer Eltern

- Was habe ich erlebt, woran kann ich mich besonders gut erinnern? Was hat man mir gesagt, gezeigt oder vorgelebt?
- Was ganz genau fand ich gut?
- Was ganz genau fand ich nicht gut?
- Worin lag meine Aufgabe damals?
- Worin liegt meine Aufgabe heute?

Am besten, Sie machen diese Übung schriftlich, dann können Sie Ihre Entdeckungen immer wieder ergänzen und gewinnen so immer mehr Klarheit. Vielleicht hilft Ihnen der Hinweis, dass Ihre Seele sich über alle Leben hinweg danach sehnt, frei zu sein. Also liegt ein Teil der Aufgabe für Ihr Ich darin, frei von den Verstrickungen (Kopie oder Gegenteil) mit den Eltern zu werden, damit Sie Ihrem persönlichen Weg folgen können.

Die zweite Rahmenbedingung: Ihr Körper

Wie Ihre Eltern ist auch Ihr Körper ein Teil von Ihrem Schicksal. Er ist eine Rahmenbedingung. Sie können ihn zwar etwas in diese oder jene Richtung verändern, aber Sie können ihn nicht austauschen. Sie müssen damit klarkommen, was Ihnen mitgegeben wurde. Genau dieses »Klarkommen« ist die Aufgabe, die Ihr Körper Ihnen für Ihr Leben stellt. Drei unveränderliche Grundtatsachen beeinflussen die Beziehung Ihres Ichs zu Ihrem Körper.

- Ihr Körper hat Fähigkeiten (Potenzial) und er hat bestimmte Grenzen (Limitierungen).

- Ihr Körper hat eine Wirkung nach außen. Andere Menschen reagieren darauf.

- Wie Sie selbst Ihren Körper erleben, hat Auswirkungen auf Ihr Ich-Gefühl und damit auf Ihr Leben.

Welche Bedeutung Ihr Körper aktuell für Ihr Leben hat, also wie er Sie beeinflusst oder nicht, finden Sie mit den folgenden fünf Grundfragen heraus:

- Was fällt mir an meinem Körper auf?
- Wie fühle ich mich dabei?
- Was davon soll ich verstärken?
- Was davon soll ich verändern?
- Was davon soll ich annehmen?

Für manche Menschen hat ihr Körper eine große Bedeutung. Da geht es nicht nur um die Frage, ob er gesund ist und funktioniert, sondern auch um die Frage, ob er den eigenen Vorstellungen entspricht. Oft geht es auch darum, wie er auf andere wirkt, ob man ihn selbst schön findet oder zumindest annimmt, oder ob einen die Art, wie er aussieht und sich anfühlt, plagt.

Wenn ein Mensch beispielsweise einen auffallend schönen Körper hat, ist das eine Rahmenbedingung für sein Leben. Allein sein Aussehen sorgt dafür, dass der betreffende Mensch auffällt. Und das beeinflusst wiederum, wie man sich ihm gegenüber verhält. Vielleicht werden viele Menschen die Nähe dieser Person allein wegen ihres Aussehens suchen und gleichzeitig werden sich vielleicht nur wenige für den Menschen hinter der Fassade interessieren. Vielleicht wird auch immer wieder eine ganz bestimmte Art von Menschen in ihr Leben treten, z.B. viele, die etwas »haben wollen« und eher wenige, die sich für die Person als solche interessieren. Das kann dazu führen, dass genau diese Erfahrung die eigene Art prägt, mit der Welt und den Mitmenschen umzugehen.

Wenn ein Mensch dagegen vom Aussehen her eher unauffäl-

Welche Bedeutung hat mein Körper für mein Leben?

Ihr Körper ist eine Ihrer großen Lebensaufgaben. Er wird am stärksten von anderen Menschen bewertet und sorgt damit auch für Ihr Ichgefühl. Andererseits bietet die Beschäftigung mit dem Zustand des eigenen Körpers Ihrem Ich ein großes Potenzial, um von den wirklich wichtigen Themen des Lebens abzulenken. Gleichzeitig ist der Zustand des Körpers ein wichtiges Thema für das Grundgefühl, mit dem man durch sein Leben geht. Und als Transportmittel durch Ihr Leben ist sein Zustand wichtig für die Umsetzung des Lebensplans.

Die Aufgabe liegt daher darin, die Grenzen des Übergangs zu erspüren. Wo geht es darum, den Körper in Ordnung zu bringen und das Beste aus ihm zu machen? Wo geht es darum, die Grenzen zu akzeptieren, weil andere Themen wichtiger sind? Wo geht es darum, sich selbst annehmen zu lernen, so wie man ist?

lig ist, wird er andere Erfahrungen mit Beziehungen machen. Man wird seine Nähe weniger wegen seiner auffälligen Schönheit, sondern vielleicht mehr wegen seiner Ausstrahlung und Persönlichkeit suchen. Das sorgt dafür, dass sich andere Menschen zu ihm hingezogen fühlen als im vorherigen Fall. In einem eher unauffälligen Körper kann aber auch die Aufgabe liegen, sich immer wieder aktiv bemerkbar zu machen, um wahrgenommen zu werden.

Der Körper hat für Ihren Lebensplan also drei Bedeutungen:

Er ist Ihr Fahrzeug

... mit dem Sie durch Ihr Leben reisen. Und ähnlich einem Autotyp erzeugt auch Ihr Körper für Sie ein ganz bestimmtes Reisegefühl. Die Aufgabe liegt darin, dieses Fahrzeug als ein wertvolles Geschenk ohne Umtauschrecht anzunehmen und es möglichst gut zu pflegen. Kümmern Sie sich deshalb darum, ihm alles zu geben, was er braucht, um gesund zu bleiben, und vermeiden Sie möglichst, ihm das zu geben, was ihn krank macht.

Er ist Ihr Werkzeug

... um der Lebensidee folgen zu können. Er hat bestimmte und ganz individuelle Veranlagungen, die darauf hinweisen, wofür er von Haus aus gut geeignet ist und wofür er sich eher weniger eignet. Nun geht es noch darum herauszufinden, welche der vorhandenen hinderlichen Eigenschaften man »überwinden« soll (beispielsweise durch Training), welche man akzeptieren soll und welche man aktiv nutzen soll.

Er ist Ihr Ausdrucksmittel

... und wirkt alleine durch seine Anwesenheit auf andere Menschen und deren Verhalten. Damit stellt er auch ein Kommunikationswerkzeug dar. Sie haben sicherlich selbst schon beobachtet, dass der Körper auf Situationen, die das Leben bringt, reagiert. Manchen Menschen sieht man die Lasten, die sie mit sich herumtragen, schon äußerlich an. Mehr darüber erfahren Sie in dem Kapitel über das Loslassen von Lasten.

Betrachtet man seinen Körper als Ausdrucksmittel, kann man ihn in gewissen Grenzen so gestalten, dass seine Wirkung nach außen den Lebensweg unterstützt. Die Aufgabe liegt dann darin, die Grenzen der Veränderung zu erkennen, damit nicht irgendwann die Beschäftigung mit dem Körper zum Inhalt des gesamten Lebens wird. Am besten bewerten Sie das Aussehen oder scheinbare Mängel nicht zu hoch für Ihren Lebensplan, denn auch das sind Rahmenbedingungen, die aus Seelensicht einen Grund haben. Suchen Sie stattdessen die Möglichkeiten und mitgebrachten Geschenke.

Die Hauptaufgabe Ihres Körpers für Ihr Leben liegt darin, Ihnen die Möglichkeit zu verschaffen, auf genau die Weise am Leben teilzunehmen, wie es Ihre Seele geplant hat.

Praxisübung: Fünf Fragen zur Klarheit über den Körper

- Was habe ich zu meinem Körper erlebt? Was hat man mir gesagt oder mich spüren lassen? Woran kann ich mich erinnern?

- Was ganz genau finde ich an dem Geschenk meines Körpers gut, als Fahrzeug, als Werkzeug und als Ausdrucksmittel? Was fühlt sich gut an, was kann er gut, was wirkt gut auf andere?

- Was ganz genau finde ich nicht gut?

- Worin lag meine Aufgabe damals?

- Worin liegt meine Aufgabe heute?

Wenn Sie Ihre Antworten erspüren, denken Sie wieder daran, dass Ihre Seele immer freier werden will von dem, was man »inneres Drama« nennt.

Die dritte Rahmenbedingung: Ihre Interessen und Begabungen

Unser Verstand ist der Planer für das praktische Leben. Er sondiert, was es zu tun gibt (zum Beispiel, den Eltern zu gefallen) und welche Fähigkeit eingesetzt werden muss, damit man eine bestimmte Aufgabe löst (zum Beispiel, gute Noten zu schreiben und den Vorgaben der Eltern zu folgen).

Wenn der Verstand ohne Wissen über den Seelenplan und all die anderen Kräfte entscheiden muss, kann es Irrtümer geben, die oft erst nach vielen mühevollen Jahren klar werden. Dabei hätte eine »erweiterte Perspektive« helfen können, den Weg etwas leichter zu finden.

Wenn Sie besondere Interessen und Neigungen haben und ihnen nicht nachgehen, wird Ihr Leben anders verlaufen, als wenn
Sie es tun. Wenn Sie Talente haben und sie nicht nutzen oder sie
sogar unterdrücken, wird sich das auf Ihr Leben ebenfalls anders
auswirken, als wenn sie ihnen folgen.

Nicht jedes Talent bedeutet, dass dessen Ausführung auch die
Lebensaufgabe ist. Wenn zum Beispiel jemand von Kindheit an
gut Klavier gespielt hat, heißt das nicht automatisch, dass sein
Lebensplan vorsieht, Pianist zu werden. Es bedeutet zunächst
einmal nur, dass dieser Mensch ganz bestimmte Talente in sich
trägt, die ihm das Klavierspielen erleichtern oder ihn Freude daran haben lassen.

Welche Gaben könnten das sein? Man sagt Musik und Mathe-
matik hätten einige Gemeinsamkeiten. Ein guter Klavierspieler
könnte also auch gute analytische Fähigkeiten haben. Er könnte
die Gabe des vielschichtigen Denkens und eine besonders schnel-
le Auffassungsgabe haben. Er könnte über das ganzheitliche
Hineinfühlen schnell zu Lösungen kommen, die für alle am har-
monischsten sind. All das sind besondere Fähigkeiten, die man
auch im Geschäftsleben gut anwenden kann. Klavierspielen wäre also nur eine spezielle Ausprägung der Fähigkeiten dieses
Menschen.

Wenn die Eltern von all dem nichts wussten, haben sie das
Kind vielleicht dazu ermutigt oder gar gedrängt, Pianist zu wer-
den, obwohl es mit einem Leben als Pianist dem Lebensplan der
Seele nicht gut folgen kann. Bestimmte wichtige Ereignisse und
Möglichkeiten liegen nun einmal nicht im Leben eines Pianisten,

sondern vielleicht vielmehr in dem eines Managers oder eines Forschers.

In einem anderen Fall spürt jemand vielleicht in sich die Sehnsucht, vor anderen zu stehen, gesehen zu werden oder anderen etwas Bereicherndes zu geben. Und er mag Musik. Deshalb kommt sein Verstand auf die Idee, er müsste als Sänger auf der Bühne stehen, obwohl er keine geeignete Stimme dafür hat. Tatsächlich könnte es aber auch sein, dass er Komödiant oder Schauspieler oder Vortragender werden soll. Oder seine Sehnsucht, anderen etwas Gutes zu tun, führt ihn dazu, Arzt zu werden.

Bei der Erforschung des Lebensplans Ihrer Seele geht es für Ihr analytisch planendes Ich darum, die *Fähigkeiten* von den *Tätigkeiten* wieder zu trennen und neue Möglichkeiten für die Anwendung der Fähigkeiten zu finden. Wenn Sie herausfinden, wo eine wirkliche Gabe und ein Interesse des Ichs zusammentreffen, haben Sie einen deutlichen Hinweis auf Ihren geplanten Weg.

»Du schreibst die Songs nur für dich selbst,
aber sie werden nur dann gut,
wenn du sie für jemand anderen spielst.
Das ist die Beziehung zwischen den Menschen,
die immer bestehen wird
und niemals zerstört werden kann.«

BRUCE SPRINGSTEEN, Musiker
* 23. September 1949 in Long Branch, New Jersey, USA

Praxisübung: Interessen und Fähigkeiten bewusst machen

Ihre Grundveranlagungen

Von den auffälligen Neigungen, Veranlagungen, Begabungen oder möglicherweise herausragenden Talenten eines Menschen können Sie gut auf die Lebensidee der Seele schließen. Dabei gehören zu den Begabungen nicht nur »messbare« Fähigkeiten, wie zum Beispiel handwerkliches oder künstlerisches Geschick. Eine mitgebrachte Fähigkeit ist auch das echte Interesse an anderen Menschen. Die Fähigkeit, wirklich zuhören und auf jemanden eingehen zu können. Wenn Sie sich von der Idee frei machen, dass man wertvolle Fähigkeiten messen oder nachweisen können muss, werden Sie in sich selbst immer mehr davon entdecken.

Fragen Sie sich: »Was kann ich gut?« Schreiben Sie es auf. Manche Dinge können Sie gut, möchten sie aber nicht tun. Andere können Sie gut und Sie lieben es auch, sie zu tun. Schreiben Sie ohne Bewertung beides auf.

Grundinteressen

Eine der wichtigsten Eigenschaften für Wachstum und Veränderung ist Neugier. Wenn Sie neugierig darauf sind, zu erleben und zu verstehen, haben Sie sehr gute Voraussetzungen, um Ihrer Seele die Erlebnisse und Erkenntnisse zu ermöglichen, die sie für dieses Leben beabsichtigt. Ihre Interessen sind kein Zufall. Wenn Sie sie fühlen, hören Sie in sich ein Echo aus Ihrer Seele.

Fragen Sie sich: »Was interessiert und bewegt mich wirklich?« Schreiben Sie es auf. Es ist egal, ob Sie in dieser Hinsicht Fähigkeiten haben oder nicht. Es geht nur um Ihr Interesse. Sehen Sie sich nun an, was Sie aufgeschrieben haben. Ist da etwas, was Sie wirklich interessiert und das gleichzeitig mit einer auffälligen Veranlagung zusammentrifft? Das wäre ein deutlicher Hinweis auf etwas, das Sie in diesem Leben auch tun sollen. Jetzt brauchen Sie nur noch eines: Ausdauer.

Die magischen 10 000 Stunden

Im Rahmen einer amerikanischen Studie zum Thema Talent wurden Menschen untersucht, die auf einem Gebiet wirklich herausragend gut sind. Sportler, Künstler, Nobelpreisträger, Musiker, Schriftsteller – Menschen, bei denen man aufgrund ihres Erfolges eine große, in die Wiege gelegte Begabung vermuten darf.

Kein Einziger hatte es zu seinem Erfolg gebracht, ohne nicht mindestens 10 000 Stunden die betreffende Fähigkeit geübt zu haben. Selbst Mozarts erste Werke waren für die damalige Zeit nicht besonders außergewöhnlich und vor allem waren gerade die frühen Werke nicht völlig selbstständig von ihm erschaffen worden. Das erste Klavierkonzert, das Mozart ohne fremde Hilfe schrieb und das ein Meisterwerk wurde, war das Konzert Nr. 9 in Es-Dur. Zu diesem Zeitpunkt war Mozart bereits einundzwanzig Jahre alt.

Ihre Neugier darauf, wie das Leben funktioniert, bringt Sie der Sehnsucht Ihrer Seele immer näher.

Möglicherweise haben Sie ein Interesse und die dazu passenden Fähigkeiten, aber andere Bedingungen verhindern, dass Sie Ihrem Weg folgen. Dann liegt Ihre Aufgabe jetzt nicht darin, sofort den Interessen zu folgen, denn das würde nur dauerhafte innere, unlösbare Konflikte erzeugen.

Vielleicht haben Sie jüngere Kinder, dann besteht Ihre Aufgabe darin, diese zuerst auf eigene Beine und ins Leben zu bringen. Vielleicht hindert Sie ein Beziehungspartner, weil Sie weiter wollen und er/sie will oder kann nicht. Dann liegt Ihre Aufgabe darin, genau diesen Punkt in Ordnung zu bringen. Was immer Sie daran hindert, Ihre Interessen und Fähigkeiten zu leben, lässt sich nicht ignorieren. Aber es lässt sich lösen.

LEBENSUMSCHWUNG? EINE KURZE TALENTPROBE

Ob ein Talent in Ihnen wirklich einer Berufung entspricht und zum Lebensinhalt für Sie werden soll, oder ob sich eher Ihr Verstand eine Wunschgeschichte ausgedacht hat, die Sie von Ihrer wahren Lebensspur ablenkt, können Sie selbst erspüren.

- Wenn alles in Ihnen nur noch diese Sache machen will...

- Wenn Sie bereit sind, Ihr altes Leben loszulassen und ein neues Leben anzufangen, um dieser Sache folgen zu können...

- Wenn Sie die Begabung ohnehin ausüben, ganz gleich, ob andere Sie dafür loben oder nicht...

- Wenn der finanzielle Nutzen nicht der Grund ist…

- Wenn Sie unglücklich werden, wenn Sie diese Sache nicht ausüben können…

- Wenn Ihre Fähigkeit auch fremde Menschen berührt…

… dann deutet es auf ein Talent hin, das zur Lebensgrundlage für Sie werden kann.

 ## Praxisübung: Fünf Fragen für Klarheit über Interessen und Begabungen

- Wovon habe ich als Kind immer geträumt?

- Wie stellte ich mir den Weg dorthin vor?

- Was ganz genau hat mich daran gehindert?

- Worin lag meine Aufgabe damals?

- Was ist meine Aufgabe heute? Soll ich den Traum reaktivieren?

DER PLAN IHRES ICHS

Je mehr Sie verstehen, wonach Ihr Ich im Leben strebt und warum es danach strebt, umso leichter können Sie sich selbst annehmen. Es geht niemals darum, sein Ich zu unterdrücken oder zu »überwinden«. Es geht darum, allem sein Recht und seinen Platz zu geben. Das ist die große innere Heilung.

ZWEITER TEIL

Der geheime
Plan
Ihrer
Seele

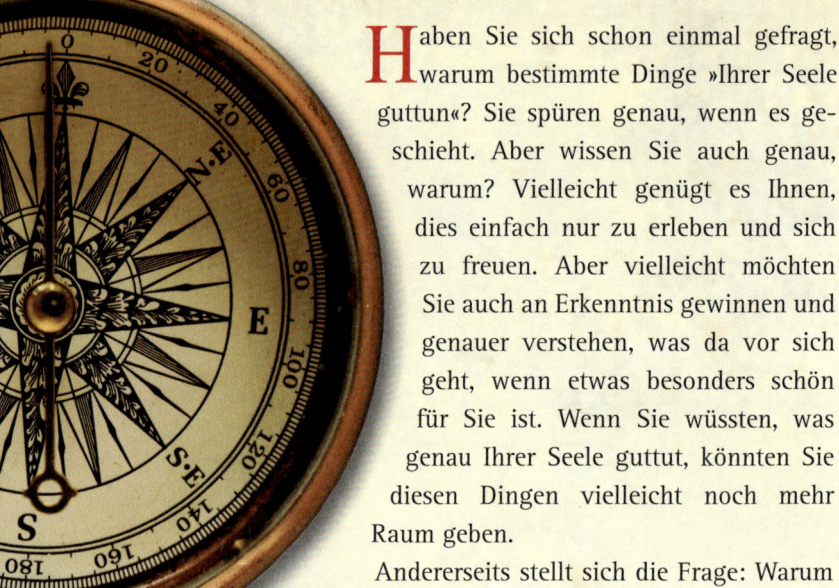

Haben Sie sich schon einmal gefragt, warum bestimmte Dinge »Ihrer Seele guttun«? Sie spüren genau, wenn es geschieht. Aber wissen Sie auch genau, warum? Vielleicht genügt es Ihnen, dies einfach nur zu erleben und sich zu freuen. Aber vielleicht möchten Sie auch an Erkenntnis gewinnen und genauer verstehen, was da vor sich geht, wenn etwas besonders schön für Sie ist. Wenn Sie wüssten, was genau Ihrer Seele guttut, könnten Sie diesen Dingen vielleicht noch mehr Raum geben.

Andererseits stellt sich die Frage: Warum tun bestimmte Dinge Ihrer Seele nicht gut? Was genau läuft im Hintergrund ab, wenn sich für Sie etwas unschön anfühlt und warum ist es so? Wenn Sie das wüssten, könnten Sie dem vielleicht vorbeugen. Oder zumindest besser mit dem umgehen, was kommt.

Um zu verstehen, was Ihrer Seele guttut und was nicht, wird es Ihnen sehr helfen, wenn Sie selbst spüren und verstehen, was Ihre Seele überhaupt ist, was genau sie bewegt, wohin es sie zieht, was sie unterstützt und was sie auf ihrem Weg behindert.

Erfahrungsübung: Den Weg der Seele spüren

Die Wünsche des Ichs und die der Seele unterscheiden sich durch fein spürbare Unterschiede. Sie können üben, diese zu spüren. Achten Sie doch einmal auf Ihr spontanes Gefühl, wenn Sie sich die folgenden Fragen stellen:

Kann man wirklich glücklich sein, wenn die Seele unglücklich ist?

Am besten, Sie denken nicht lange darüber nach, sondern achten darauf, was Sie als Antwortimpuls bekommen. Für die folgenden Fragen nehmen wir einen Moment lang an, Sie müssten sich spontan zwischen zwei Möglichkeiten entscheiden. Spüren Sie einfach, wohin es Sie eher zieht:

Worin liegt mehr Glück: Im Hinzubekommen oder im Freiwerden?

Was fühlt sich besser an: Zu gewinnen oder auszugleichen?

Was ist wertvoller: Etwas erreichen oder etwas verstehen?

Was wäre Ihnen wichtiger: Reich zu sein oder heil zu werden?

Die Alternativen in jeder Frage drücken die beiden Aspekte unseres Menschseins aus. Die erste ist vom Ich geprägt und die zweite von der Absicht der Seele. Beides ist natürlich, hat seinen Platz und ist völlig in Ordnung. Achten Sie dennoch auf die Unterschiede in Ihrem Antwortgefühl. Damit üben Sie sich darin, die feinen Unterschiede im Plan des Ichs und im Plan der Seele zu spüren.

Ihre Seele folgt nicht Ihrem Verstand.
Es gibt nur eine Möglichkeit:
Ihr Verstand lernt,
Ihrer Seele zu folgen.

Ihre Seele legt fest, was sich für Sie gut anfühlt und Sie glücklich macht, und was sich wie eine Katastrophe oder Unglück anfühlt. Weil nun bei jedem Menschen der Seelenplan anders aussieht, können die gleichen Dinge oder Ereignisse, die den einen Menschen in größte Freude versetzen, für einen anderen Menschen der größte Alptraum sein.

Der erste Seelenplan

Sehnsüchte

wollen erlebt werden

Wenn Sie eine echte Sehnsucht
in sich spüren, hören Sie einen
klaren Ruf Ihrer Seele.

»Lebe so, wie wenn du nochmals
leben könntest – dies ist deine Pflicht.
Denn du wirst in jedem Falle nochmals leben!
Der Satz vom Bestehen der Energie
fordert die ewige Wiederkehr.«

FRIEDRICH NIETZSCHE
deutscher Philosoph und klassischer Philologe
* 15. Oktober 1844 in Röcken bei Lützen
† 25. August 1900 in Weimar

Zu den stärksten Kräften, die das Leben eines Menschen bewegen, gehören die Sehnsüchte. Wenn Sie eine bestimmte Sehnsucht deutlich in sich spüren können, haben Sie eine kristallklare Botschaft von Ihrer Seele aufgefangen. Kaum etwas ist deutlicher zu erkennen als die starken Gefühlswellen, die durch Sehnsüchte ausgelöst werden. Eine Sehnsucht kann so intensiv sein, dass Sie manchmal gar keine Wahl haben und ihr folgen *müssen*. Manche Menschen hören den »Ruf der Seele« so deutlich, dass sie alles stehen und liegen lassen und das Wagnis einer Veränderung auf sich nehmen.

WAS GENAU SIND SEHNSÜCHTE?

Wenn Sie sich ein Menschenleben ansehen und es mit der unglaublichen Vielzahl an Möglichkeiten vergleichen, wie ein Leben theoretisch ablaufen kann, werden Sie feststellen, dass ein einzelnes Leben ziemlich begrenzt ist. Selbst in ein intensiv gelebtes Leben kann nur ein winziger Bruchteil aller Möglichkeiten hineingepackt werden. Um Ihnen durch diesen Dschungel an Möglichkeiten den Weg zu den Ereignissen zu weisen, die für Ihre Seele wichtig sind, sendet sie Ihnen konkrete Sehnsüchte.

Was Sie also als Sehnsüchte in sich spüren, ist ein Teil des Plans Ihrer Seele; es sind sozusagen die Wünsche Ihrer Seele für dieses Leben, die Ihnen die Richtung weisen.

Warum hat Ihre Seele diese Wünsche? Warum schickt Sie Ihnen genau diese Sehnsüchte? Warum sind sie nicht völlig identisch mit denen anderer Menschen? Und warum fühlt es sich so schön an, wenn man dann doch jemanden findet, mit dem man Sehnsüchte teilen kann, weil er oder sie zumindest ähnliche in sich trägt?

Für Ihre Seele sind Sehnsüchte die nachklingenden Echos aus früheren Leben, vergleichbar mit starken Erinnerungen, die noch weiterwirken. Es sind Kräfte, die auf die Seele wirken, und in Form einer Sehnsucht teilt sie Ihnen diese mit. Für Sehnsüchte, die Sie zu praktischen Handlungen in diesem Leben antreiben, gibt es vier Arten von Ursachen.

SEHNSUCHTSURSACHE 1: Handlungen, die früher einmal begonnen wurden und nicht zu Ende gebracht werden konnten.

Jetzt wollen sie zu Ende gebracht werden. Jemand will zum Beispiel unbedingt sein Haus selbst umbauen, obwohl er das auch in Auftrag geben könnte. Oder Sie fühlen sich immer wieder zu einem ganz bestimmten fremden Land hingezogen, und jedes Mal, wenn Sie dort sind, geschieht etwas, das Sie deutlich berührt und verändert. Der Grund kann sein, dass Ihre Seele in diesem Land ein bedeutsames Leben hatte und bestimmte Erlebnisse nicht zu Ende bringen konnte.

Das ausgelöste Gefühl: Diese Sehnsüchte fühlen sich drängend an. Sie erzeugen eine Unruhe, die ständig etwas bestimmtes TUN will.

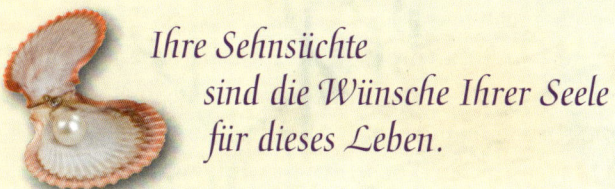

*Ihre Sehnsüchte
sind die Wünsche Ihrer Seele
für dieses Leben.*

SEHNSUCHTSURSACHE 2: Erlebnisse und Gefühle, die nicht zu
Ende erlebt und gefühlt werden konnten und jetzt nach einem
Abschluss drängen.

Im Gegensatz zu den oben genannten Handlungen müssen Sie
selbst hierbei nicht unbedingt aktiv werden. Das Leben bringt
Ihnen die Ereignisse, weil sie von Ihnen »zu Ende durchfühlt
werden« sollen. Erleben bedeutet für die Seele dasselbe wie
»durchfühlen«, denn auf der Ebene, auf der sie existiert, kann sie
mit den materiellen Erlebnissen des Ichs nichts anfangen.

Das ist auch der Grund, warum man ein erlebnisreiches, überaus turbulentes Leben haben kann, ohne innerlich wirklich zu
wachsen und ohne dass bestimmte Sehnsüchte dabei in Erfüllung gehen. Wenn man nur »Aktion« erlebt, ohne es wirklich zu
durchfühlen, hat die Seele wenig davon. Erlebnisse, die nicht zu
Ende durchfühlt wurden, werden so lange immer wieder auftauchen, bis man versteht, dass man sie nicht ignorieren oder umgehen, sondern wirklich fühlen soll.

Wenn Sie in Ihrem Leben solche Wiederholungen erkennen,
können Sie sich selbst und Ihrer Seele helfen: Begeben Sie sich
in das Erlebnis emotional hinein. Wenn es einige Zeit zurückliegt

und innerlich nicht bewältigt worden ist, gehen Sie innerlich dorthin zurück und durchfühlen Sie es jetzt. Gehen Sie dabei über den Punkt hinaus, an dem Sie damals abgebrochen haben. Damit erhöhen Sie deutlich die Chance, dass ein ähnliches Erlebnis nicht mehr in Ihr Leben tritt. Es wird aus Sicht der Seele unnötig, wenn es durchfühlt wurde. Die Gefühle gehen nicht mehr in Resonanz und damit hört schließlich auch die Anziehung auf.

Das ausgelöste Gefühl: Sehnsüchte aufgrund von Erlebnissen, die nicht zu Ende erlebt wurden, erzeugen zu dem bestimmten Thema eine Art »suchende, unerfüllte Leere«. Man erlebt zwar seine Dinge im Leben, aber zu dem, was man wirklich gerne erleben will, bleibt man ein Suchender. Das Gefühl ist also die innere SUCHE.

SEHNSUCHTSURSACHE 3: Handlungen, die in einem früheren Leben ein Ungleichgewicht erzeugt haben und jetzt ausgeglichen werden können.

Sie kennen das aus Ihrem Alltag: Wenn Sie jemandem Unrecht tun, spüren Sie ein schlechtes Gewissen. Es tut Ihnen vielleicht leid und Sie würden es gerne wiedergutmachen. Oder ein anderer Mensch hat Ihnen Unrecht getan. Dann klären Sie das für sich selbst oder arbeiten mit der betreffenden Person daran, das Geschehene wieder ins Lot zu bringen.

Genau dieses Ziel hat auch Ihre Seele. Für sie sind die vielen Leben hintereinander wie ein einziges langes Leben. Sie möchte

Die größte Sehnsucht Ihrer
Seele ist es, vom »Rad der
Wiedergeburt« frei zu werden
und zur Quelle zurückzukehren, der
sie entsprang. Nur wenn alle begonnenen Handlungen erledigt, alle Ungleichgewichte ausgeglichen und alle Beziehungen mit anderen Seelen
zu Ende erlebt wurden, gibt es – endlich nach
den unzähligen Malen – keinen Grund mehr,
erneut auf die Welt zu kommen. Diese Seelensehnsucht spüren Sie in sich als die Sehnsucht
nach Freiheit, als den Wunsch nach Frieden,
Ausgleich und Harmonie und als den Wunsch,
endlich irgendwo anzukommen.

bestimmte Dinge, die mit anderen Seelen in anderen Leben stattgefunden haben, in Ordnung bringen und ausgleichen, weil es
damals nicht mehr möglich war.

In diesem Leben spüren Sie das deutlich, wenn Sie sich einem
einzelnen Menschen irgendwie verpflichtet fühlen, obwohl es

dafür keinen wirklichen Grund gibt. Oder wenn Sie einer Gruppe von – zum Beispiel benachteiligten – Menschen besonders gerne Gutes tun möchten, weil deren Schicksal Sie sehr berührt.

Wenn Sie sich zum Beispiel leidenschaftlich für bestimmte Hilfsprojekte einsetzen, ob für Menschen, Tiere oder die Natur, ist das eine wundervolle Aufgabe. Doch woher kommt dieser Drang? Warum berühren uns dieses oder jenes Recht und Unrecht so sehr, dass wir uns dafür engagieren, es wieder in Ordnung zu bringen?

Weil es da »etwas gutzumachen« gibt. Ein großer Teil unseres Gerechtigkeitsgefühls kommt aus alten Erfahrungen, in denen wir – und damit auch unsere Seelen – Recht und Unrecht erleiden mussten oder es selbst erzeugt haben. Nun will genau das ausgeglichen werden.

Wenn es um eine Partnerschaft geht, bleibt man manchmal länger in einer Beziehung, obwohl der Ausgleich bereits stattgefunden hat und es keinem mehr Freude macht oder Nutzen bringt. Wenn Sie prüfen möchten, ob Sie gehen oder loslassen können, stellen Sie sich die einfache Frage: »Ist es jetzt ausgeglichen? Ist es zu Ende erlebt, ist es genug? Kann ich gehen?« Wenn Sie genau in sich hineinfühlen, werden Sie die Antwort Ihrer Seele spüren. Es ist ein Gefühl wie: »Ja, jetzt ist es genug. Es ist fertig.« Eine Art inneres Nicken mit dem Gefühl, dass man sich umdrehen und gehen könnte. Es ist das Gefühl, frei zu sein.

Das ausgelöste Gefühl: Sehnsüchte aufgrund von Ungleichgewichten bewirken, dass man sich viel damit beschäftigt, wo man GUTES TUN oder etwas in Ordnung bringen kann.

SEHNSUCHTSURSACHE 4: Neues, das von der Seele erschaffen und erlebt werden will, weil das genau auf diese Weise früher noch nicht erfahren wurde.

Sie spüren das als große schöpferische Kraft, wie sie viele Unternehmer, Kreative, Künstler oder Handwerker haben. Oder Sie spüren es in Form eines deutlichen Drangs nach viel Abwechslung in Beruf und Freizeit. Menschen, die immer wieder Neues anfangen, nicht um darin perfekt zu werden, sondern vor allem, um zu fühlen wie es ist, folgen dieser Form von Sehnsucht. Es geht dann nicht darum, eine bestimmte Fähigkeit, wie das Tauchen, Bergsteigen, Segeln, Malen oder Ähnliches, perfekt zu beherrschen. Es geht vielmehr darum, diese Fähigkeit so weit zu erleben, dass die Gefühlserfahrung dazu komplett wird. Welche Gefühle entstehen, wenn man ein Bild perfekt malt, ein Boot führt oder einen Berg besteigt? Das ist die Sehnsucht der Seele. Sie erfahren später noch mehr darüber.

Das ausgelöste Gefühl: Sehnsüchte aufgrund von unerlebten Erlebnissen lösen Gefühle von FREUDE am Erschaffen aus.

Sehnsüchte sind unerledigte Handlungen oder nicht fertig durchfühlte Erlebnisse, die von der Seele zu Ende gebracht oder zu Ende erlebt werden wollen.

DIE ZWEI WIRKUNGEN VON SEHNSÜCHTEN UND DEREN URSPRUNG IN DER SEELE

Manche Sehnsüchte fühlen sich schön an und geben Kraft. Aus ihnen entwickeln sich Visionen, und ihnen nachzugehen gibt uns ein Ziel, weist uns die Richtung und macht Freude. Aber vielleicht haben Sie selbst schon festgestellt, dass eine Sehnsucht nicht immer nur schön ist. Manch eine fühlt sich fast schon quälend an, sodass man eher von ihr erlöst sein wollte. »Ich habe keine Ahnung warum, aber ich *muss* das tun!«, sagen Sie dann vielleicht. Es ist fast, als hätten Sie überhaupt keine Wahl, als genau dies zu tun, selbst wenn es unangenehm ist. Oder aber es fühlt sich an wie die Erfüllung einer Pflicht, obwohl Sie keinen rationalen Grund dafür erkennen können. Wenn Sie Glück haben, ist der Plan Ihres Verstandes diesbezüglich richtig, und Sie erleben am Ende die ersehnten Gefühle oder die Erlösung. Wenn Ihr Verstand es jedoch nicht richtig deuten konnte, stehen Sie vielleicht irgendwann am geplanten Ziel und die Sehnsucht erfüllt sich dennoch nicht. Deshalb ist es so nützlich, etwas über den großen Plan der Seele zu wissen.

WOHIN WILL IHRE SEELE?

Die Seele selbst hat nur eine einzige große Sehnsucht: Sie will zurück zur Quelle der Schöpfung, der sie entspringt, zurück in das große Eins-Sein. Diese Sehnsucht empfangen Sie bewusst oder unbewusst und sie ist der Grund, warum Sie sich für spirituelle Dinge interessieren und letztlich Antworten auf Fragen nach Gott suchen. Um zu dieser Quelle zu gelangen, muss die Seele alles zum Abschluss bringen, was aus ihrer Sicht noch unerledigt ist. In der indischen Kultur spricht man in diesem Zusammenhang auch von »Karma, das erfüllt werden muss«.

Um diesem Weg zu folgen, sendet die Seele dem Ich viele einzelne Sehnsüchte. Mit diesen oft vagen Sehnsuchtsgefühlen kann der praktisch veranlagte Verstand manchmal wenig anfangen. Deshalb entwickelt er konkrete Ideen und Pläne, um das nagende Sehnsuchtsgefühl »abzustellen«. Und genau dabei entstehen konkrete Wünsche.

Wenn Sie wissen, was genau ein Wunsch ist und wie er entsteht, werden Sie verstehen, dass die Wunscherfüllung alleine nicht der Sinn des Lebens sein kann. Würde man sich einfach nur etwas auf die »richtige Weise« wünschen, hätte die Seele keinerlei Möglichkeit, den Weg dahin zu erfahren. Es würden keine Handlungen vollbracht, keine Erkenntnisse gewonnen, kein Verständnis für andere Menschen und für sich selbst entwickelt. Ja, es ist richtig, seinen Wünschen zu folgen. Nur ist eben dieses »Folgen« ein wesentlicher Teil, weil auf dem Weg des Folgens für die Seele wichtige Dinge geschehen.

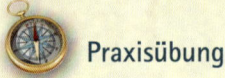 **Praxisübung**

Sie können selbst überprüfen, worin der wirkliche Sinn von Wünschen liegt. Erinnern Sie sich an eine Zeit, als Sie einen besonders wichtigen Wunsch hatten. Was geschah mit Ihren Gefühlen, nachdem er erfüllt wurde? Ging die Freude darüber endlos weiter? Oder flachten die euphorischen Gefühle allmählich ab? Was kam danach?

Vielleicht kam im Anschluss das Gefühl, nun von diesem zwar schönen, aber auch nagenden Wunsch *endlich frei* zu sein? Als wäre eine Last aus Ihrem Leben verschwunden? Als könnte es nun endlich weitergehen?

Und was kam danach? Haben Sie vielleicht kurzzeitig eine gewisse Irritation erlebt? Eine Art fragendes Innehalten oder Leere oder Orientierungslosigkeit? Der große und lang ersehnte Wunsch ist erfüllt. Toll, und was nun? Wonach soll ich mich jetzt sehnen? Was ist nun der Sinn meines Lebens? Was ist mein Ziel?

Viele Menschen empfinden diesen wunschlosen Zwischenzustand als so unangenehm, dass sie ihn nur extrem kurz zulassen und sich sofort neue Wünsche ausdenken oder sogar eine fast unerfüllbare Wunschbugwelle vor sich herschieben. Nur führen Wünsche, die sich der Verstand aus dieser Angst vor der Leere heraus ausdenkt, nie zu Erleichterung, Erfüllung und Glück. Sie laufen nur endlos weiter. Das ist zum Beispiel eine Ursache von Konsumzwang. Das Nichtertragenwollen von Leere nach der Erfüllung. Dabei kann sich diese Leere so wundervoll anfühlen, wenn man sie als Freiheit versteht und nicht mit Sinnlosigkeit in Verbindung bringt.

Wenn Sie diese Spürübung für sich selbst mitgemacht haben, können Sie vielleicht besser nachvollziehen, dass die Seele frei werden möchte und dass Wünsche – wenn Sie auf einer Sehnsucht beruhen – Ihnen den Weg dazu weisen.

Praxistipp

Sie müssen sich das alles nicht merken. Sie müssen auch nicht gleich das ganze System oder alle Absichten Ihrer Seele perfekt verstehen. Es genügt, wenn Sie es in sich wirken lassen, ohne etwas Besonderes zu tun. Ihre Seele wird dafür sorgen, dass Ihnen genau die Botschaften auffallen werden, die gerade wichtig sind. Alle anderen werden im Unterbewusstsein gespeichert und tauchen dann auf, wenn sie gebraucht werden.

Erfüllte Wünsche sind eine Art von Belohung, wenn man einem Weg folgt. Sie sind nicht der Lebenssinn an sich. Ja, folgen Sie unbedingt kraftvoll Ihren Wünschen und Sehnsüchten. Aber vertrauen Sie nicht darauf, dass der Hauptsinn darin liegt, »richtiges Wünschen« zu erlernen, denn damit machen Sie sich bewegungsunfähig. Alles zu lassen, wie es ist und alleine mittels Wunschtechniken auf eine bessere Zukunft hoffen, ist ganz sicher nicht die Lebensidee der Seele. Der Sinn von Wünschen liegt darin, zuhören und spüren zu lernen und immer mehr über sich selbst und sein Leben zu lernen. Und immer wenn etwas Wesentliches gelernt oder erfahren wurde, legt das Universum einen Hebel um und schaltet eine neue Ebene frei.

SEHNSÜCHTE KLARER DEUTEN –
VON DER AHNUNG ZUM PLAN

Wenn Sie sich fragen, wohin es wohl in Ihrem Leben gehen soll, stehen am Anfang immer Gefühle. Unsichere, unbegründbare, unlogische Gefühle. Es ist, als gäbe es Gefühle in Ihrem Rücken, die Sie irgendwie nach vorne schieben und Gefühle vor Ihnen, die Sie zu sich ziehen wollen. Gefühle, von denen man weg will, und Gefühle, zu denen man hin will. Oft ist das alles recht vage. Hinter Ihnen liegen sozusagen Räume, in die Sie nicht mehr zurück wollen, und vor Ihnen liegen Räume, zu denen es Sie hinzieht. Können Sie sich das in etwa vorstellen? Spüren Sie es?

Gleichzeitig gibt es Ihr Leben, wie Sie es jetzt gerade jeden Tag erleben. Auch das können Sie als Gefühl wahrnehmen, indem Sie einfach spüren, wie es Ihnen im Moment geht. Wie fühlt sich Ihr Leben gerade an?

Zwischen dem vagen Gefühlsraum, der vor Ihnen liegt, und dem Gefühl, wie Ihr Leben jetzt gerade ist, könnte es Unterschiede geben. Der Unterschied, den Sie spüren, ist die Abweichung von Ihrer Lebensspur. Es ist die Kraft, die Sie führen und ziehen möchte. Wenn das, wohin es Sie zieht, und das, wie Sie sich gerade fühlen, sehr ähnlich sind, befinden Sie sich ziemlich gut in Ihrem derzeitigen Lebensplan. Dann werden Sie ein tiefes Gefühl von »Stimmigkeit« erleben, das Ihnen innere Ruhe, Sicherheit und Kraft gibt. Das innere Wissen darum, dass alles – ob gerade angenehm oder unangenehm – »richtig« ist, zeigt, dass Sie dem Seelenplan folgen.

*»Bewahre mich vor dem naiven Glauben,
es müsste im Leben alles glattgehen.
Schenke mir die nüchterne Erkenntnis,
dass Schwierigkeiten, Niederlagen, Misserfolg,
Rückschläge eine selbstverständliche Zugabe sind,
durch die wir wachsen und reifen.«*

ANTOINE DE SAINT-EXUPÉRY
Französischer Schriftsteller und Flieger
* 29. Juni 1900 in Lyon
† 31. Juli 1944 bei Marseille

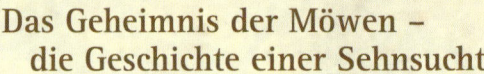

Das Geheimnis der Möwen –
die Geschichte einer Sehnsucht

Eine Frau lebte seit vielen Jahren alleine in einem Haus am Rande eines kleinen Ortes auf einer fernen Insel. Die Menschen nannten sie die Töpferin. In ihrem kleinen Atelier entstanden wundervolle Schalen, Krüge, Vasen und Teller, die auf der ganzen Insel begehrt waren. Einmal in der Woche ging die Frau auf den Markt, um sich am Stand einer alten Bäuerin aus dem Nachbardorf Ton und andere Zutaten zu kaufen.

Obwohl sie viele Freunde hatte, die Menschen ihre Arbeit liebten und das Leben sie mit allem versorgte, spürte die Frau eine Sehnsucht, deren Ursache sie sich nicht erklären konnte.

Eines Tages, als sie wieder auf den Markt ging, war der Stand der alten Bäuerin verschwunden. Noch nie in all den Jahren, seit die Frau Töpferin war, hatte die Bäuerin einen Markttag ausgelassen. Die Frau spürte, dass etwas Unwiderrufliches geschehen war. Nicht nur der Stand war verschwunden, es schien, als würde das Universum gerade ein Kapitel in der Geschichte ihres eigenen Lebens schließen.

Nur wenige Schritte von dem alten Platz entfernt entdeckte sie einen neuen Stand, an dem ebenfalls Ton angeboten wurde. Sie ging hinüber und war gerade dabei, die Qualität zu begutachten, als der Inhaber hinter seinem Marktwagen hervorkam. Ein Mann in hellem Gewand etwa in ihrem Alter, schlank, mit dunklen, fast schwarzen Haaren, bronzefarbener Haut und feinen Zügen.

Auf seinen Lippen schien ein unsichtbares Lächeln zu schweben und seine Augen strahlten wie türkisgrüne Smaragde.

»Ich kaufe meinen Ton seit langem bei einer alten Bäuerin«, sagte die Frau statt einer Begrüßung und machte eine unsichere Handbewegung in die Richtung, in der sich der alte Stand befunden hatte.

Der Mann nickte. »Sie war meine Großmutter«, sagte er. Trauer schimmerte durch die Smaragde.

Die Frau wusste nicht, was sie entgegnen sollte.

»Ihre Quelle war versiegt«, ergänzte er, ohne eine Antwort zu erwarten. »Aber das Leben geht weiter und ich habe eine neue gefunden.«

Er deutete auf die ziegelsteingroßen, mit lehmartiger Masse gefüllten Pakete. »Ebenso gut. Für manche vielleicht sogar besser.«

Die Frau lächelte flüchtig, kaufte drei Pakete und machte sich in Gedanken versunken auf den Heimweg. Etwas an der Begegnung mit dem Mann hatte sie berührt, aber ihre Gefühle waren verwirrend. Der Tod der alten Bäuerin, die Tatsache, dass ihr Material nie mehr dasselbe sein würde. Das Gefühl von Vergänglichkeit. Einsamkeit. Das Wissen, dass nichts in einem Leben jemals gleich bleiben würde. Und dann der Blick dieses Mannes...

Als sie an einem der folgenden Tage ihren Töpferplatz aufräumte und die Reste der Tagesarbeit beseitigte, bemerkte sie einen kleinen Klumpen Ton auf dem Boden. Das war an sich nichts Besonderes, aber dieser hier erinnerte sie an einen Vogel. Sie hielt inne, betrachtete versunken das Tonstück, und es war, als würde eine zarte Stimme in ihrem Kopf rufen: »Gib mir Leben.«

Die Frau nahm den Tonklumpen, legte ihn auf den Tisch und sah ihn an.

»Lass mich fliegen«, sagte der Klumpen leise, und in diesem Augenblick sah sie vor sich nicht mehr ein Stück Ton. Sie erkannte eine Möwe. Vorsichtig strich sie einen herausragenden Teil des Klumpens zwischen zwei Fingern zurecht, bis er wie ein Flügel aussah. Und ein anderer Teil verwandelte sich in ihren Händen zu einem Schnabel. Ein weiterer wurde zu zwei Beinen und noch ein anderer formte sich zu einem zweiten Flügel. Die Frau bettete die Möwe in ihre linke Hand. Sie betrachtete, drehte und streichelte sie, und während sie dies tat, wurde die Möwe schöner und schöner. Bis sie schließlich lebendig war.

»Danke«, sagte die Möwe, strich einmal mit dem Schnabel über die Handfläche der Frau und flog durch das offene Fenster auf das Meer hinaus.

Von diesem Tag an begann die Frau aus den Tonresten neben ihrer Töpferscheibe kleine Vögel zu formen. Sie bemerkte schnell, dass ihr Möwen besonders gut von der Hand gingen und sie sich dabei fühlte wie eine Zauberin, zwischen deren Fingern auf magische Weise Leben entstand.

Die Frau fuhr damit fort, ihre Krüge und Teller zu töpfern, um ihren Lebensunterhalt zu verdienen, aber immer wenn sie ein wenig Zeit hatte, ließ sie einen weiteren Vogel entstehen. Und jedes Mal, wenn sie wieder einem Tonklumpen Leben eingehaucht hatte und eine neue Möwe, eine Taube oder ein Pelikan ihre Hand verließ, war es, als flöge ein Stück von ihr selbst mit in den Himmel.

Das Haus der Frau stand nahe am Meer, und sie liebte es, nach getaner Arbeit zu den Klippen zu gehen, um die Sonne im Wasser versinken zu sehen. Seit ihren Erlebnissen mit den Tonklumpen hatte sie begonnen, die Vögel aufmerksam zu beobachten, um Anregungen für ihre Arbeit zu bekommen.

Einmal geschah es, dass sie einen Pelikan, der in der Nähe des Strandes fischte, wiedererkannte. Und danach einen Reiher und zwei Möwen. Ab diesem Augenblick konnte die Frau unter den Vögeln diejenigen erkennen, denen sie selbst das Leben gegeben hatte. Sie spürte, dass die Vögel dort draußen ein Teil von ihr waren und sie ein Teil dieser Vögel. Und je mehr sie dies spürte, umso klarer wurde ihr, dass sie sich nichts mehr wünschte, als selbst am Himmel zu fliegen.

Jedes einzelne der Geschöpfe, die unter ihren Händen entstanden, war so sehr von Leben und der Sehnsucht nach Freiheit beseelt, dass es in den Himmel flog, sobald die Frau es erschaffen hatte. So kam es, dass kein anderer Mensch als sie selbst jemals einen der Vögel zu sehen bekam.

Viele Wochen vergingen und sie traute sich nicht, irgendjemandem etwas von ihren Erlebnissen zu erzählen. Doch eines Tages nahm sie allen Mut zusammen, ging auf den Markt und stellte dem Besitzer des Standes die Frage, die in ihr brannte:

»Was für ein Ton ist das?«

»Nichts Besonderes. Einfach nur Ton.« Er lächelte auf eine Art, als hätte er auf diese Frage gewartet.

»Das ist nicht wahr. Es ist...« Sie brach im Satz ab, weil ihr klar wurde, wie absurd ihre Erklärung in den Ohren anderer klingen

musste. Vögel aus Ton, die zum Leben erwachten und fortflogen. Sie konnte nicht einmal einen davon zeigen, um es zu beweisen.

»Was machst du damit?«, erkundigte er sich.

»Krüge und Teller«, sagte die Frau. »Und Schalen.«

Der Mann sah sie an und nickte. Sie bemerkte, wie er spürte, dass dies nicht alles war. Fast schien es, als könnte er ihre Gedanken lesen und die Vögel in ihrem Kopf sehen.

»Kann man sie sich ansehen?«

Die Frau zuckte zusammen. »Wen?«

»Deine Teller, Schalen und Krüge. Das, was du machst.«

»Ja. In meinem Haus habe ich einen Raum...«

»Heute?«

»Ja. Heute.«

»Kurz vor Sonnenuntergang räume ich meinen Stand zusammen«, sagte er. »Danach könnte ich kommen.«

Die Frau nickte, erklärte ihm, wo sie wohnte und machte sich auf den Heimweg. Unterwegs überlegte sie, ob sie dem Mann zeigen sollte, was mit den Tonklumpen in ihren Händen geschah. Aber was wäre, wenn sie vor seinen Augen an dem Vogel arbeitete und der Tonklumpen einfach nur Ton bliebe? Es würde ihr noch nicht einmal etwas ausmachen, wenn er sie für verrückt hielte, aber manche Träume waren so zart, dass bereits der Windhauch eines Zweifels genügte, um sie zu zerstören. Ihr Herz zerbrach fast bei dem Gedanken, die bedeutsamsten und erfüllendsten Erlebnisse in ihrem Leben mit niemandem teilen zu können.

Am Abend, nachdem der Markt beendet war, suchte der Mann das Haus der Frau auf und klopfte. Sie öffnete und als sie ihn sah, machte ihr Herz einen kleinen Sprung. Ein Gefühl, wie sie es schon lange nicht mehr gespürt hatte.

Sie führte ihn in ihr Atelier und zeigte ihm ihre Töpferwaren. Er war ein aufmerksamer Zuhörer, stellte Fragen, lächelte ihr aufmunternd zu, gab kundige Ergänzungen über Ton und dessen Verarbeitung zurück. Dennoch wirkte ein Teil von ihm ein wenig abwesend und gelegentlich streiften seine Augen durch den Raum, als versuchten sie etwas bislang Unsichtbares zu entdecken.

Sie erzählte gerade etwas über Glasierungen von Vasen, als er sich unvermittelt bückte und ein Stück Ton vom Boden neben der Töpferscheibe aufhob. Er hielt es hoch und drehte es langsam hin und her.

»Was ist?«, fragte die Frau.

Er hielt das Stück vor ihr Gesicht.

»Eine Möwe« sagte er. »Siehst du sie?«

Die Frau erschrak. »Du kannst sie sehen?«

Der Mann nickte. »Du nicht?«

»Ich sehe viele. Jeden Tag. Ich forme sie und helfe ihnen, so zu werden, dass sie fliegen können. Ich gebe ihnen Leben.«

Der Mann sah sich im Raum um. In den Regalen standen unzählige Töpferwaren für Haus und Küche, aber keine einzige Skulptur. Sein Blick ging zum Fenster, das zum Meer hinausführte. Die Sonne berührte gerade als übergroße glühende Scheibe den Horizont.

»Sie sind wunderschön, deine Vögel« sagte der Mann.

»Aber niemand kann sie sehen«, flüsterte sie, während sie ihn gebannt anstarrte.

Er hob den Arm und deutete zum Fenster hinaus. »Sieh, dort draußen, direkt vor der Sonne.«

Sie folgte seinem Blick. Vor dem Glutball kreisten unzählige schwarze Silhouetten. Ein Bild wie aus einem Traum, ein Tanz von Flügeln, unwirklich verschwommen in den Wellen warmer Luft. Und mindestens die Hälfte davon stammte von ihr. Er konnte tatsächlich ihre Vögel sehen!

»Dann spürst du auch, dass ich mir nichts mehr wünsche, als ein Vogel zu sein?«, fragte sie kaum hörbar.

»Ja. Dennoch bist du ein Mensch.«

»Leider.«

»Nein. Zum Glück!«

»Wie kann es ein Glück sein, ein Mensch zu sein, der sich nichts sehnlicher wünscht, als ein Vogel zu sein? Ich werde in diesem Leben immer Mensch bleiben.«

»Ja! Ist das nicht wundervoll?«

»Warum habe ich dann diese Sehnsucht, die mich quält?«

Er ergriff sanft ihre Hand, drehte ihre Handfläche nach oben und legte den Tonklumpen hinein.

»Es ist nicht das Material, welches das Kunstwerk erschafft. Es sind deine Sehnsucht und deine Vorstellung. Und manchmal ist auch das wirkliche Kunstwerk ein anderes, als du denkst.«

Der inzwischen dunkelrote Sonnenball spiegelte sich als Lichtpunkt in seinen Augen. »Ehe meine Großmutter starb, weihte sie mich in ein Geheimnis ein. Sie sagte, es gäbe etwas in jedem von uns, das wie ein Magnet andere Menschen und auch Geschehnisse anzieht. Ein Teil dieses Magneten sind unsere Sehnsüchte.«

Er nahm den Tonklumpen wieder von ihrer Handfläche und begann, ihn mit zwei Fingern vorsichtig zu verformen. Als würde er den Ton liebkosen, ganz so, wie sie selbst es immer tat.

»Der Mensch, den wir uns an unsere Seite ersehnen, ist jemand, der sehen kann, was wir sehen«, fuhr er fort. »Jemand, der spürt, was wir spüren. Dem wir nicht erklären müssen, was wir wissen, denken oder fühlen. Meine Großmutter sagte mir, dass dieser Mensch bereits irgendwo dort draußen wartet und dieselbe Sehnsucht in sich trägt wie ich. Das war mir ein gewisser Trost, doch wie sollte ich diesem Menschen begegnen?«

Er formte den zweiten Flügel der Möwe, die langsam wirkte wie ein Vogel im Augenblick der Landung, ganz kurz bevor er den Boden berührt.

»Meine Großmutter erklärte mir, dass ein weiterer Teil des Geheimnisses darin läge, dass diese beiden Menschen sich erst in dem Augenblick finden können, wenn sie aufgehört hätten zu suchen. Nur dann könnten ihre Herzen sich spüren.«

Er formte mit zwei geübten Griffen den Schnabel.

»Ich strengte mich wirklich an, aber es gelang mir nicht. Je mehr ich versuchte, nicht mehr zu suchen, umso stärker wurde mein Gefühl, auf der Suche zu sein. Ich wurde immer verzweifelter, weil ich es nicht schaffte, nicht mehr zu suchen. Ich dachte, ich wäre in meiner Entwicklung und in meinen Fähigkeiten noch nicht weit genug gekommen; und je mehr ich dies beobachtete, umso elender fühlte ich mich. Ich holte mir Rat von weisen Menschen, las Bücher und besuchte Schulen, nur um zu lernen, meine Suche loszulassen. Und je mehr ich dies versuchte, umso kla-

rer wurde mir, dass ich auf einer weiteren Suche war: auf der Suche nach dem Weg, meine Suche loszulassen. Es wurde immer komplizierter und nie zuvor fühlte ich mich weiter von mir selbst entfernt. Irgendwann erzählte ich meiner Großmutter davon.«

Sie konnte nicht sagen, wie er es gemacht hatte, aber auf einmal waren die Schwanzfedern der Möwe fertig. So lebendig!

»Sie sagte, ich hätte gerade den ersten Schritt getan: Mich selbst zu sehen und zu spüren, wie ich suchte und dass es nichts gab, was diese Suche in mir beenden konnte, solange ich eben dies erreichen wollte. Während sie mir über den Kopf strich – eine Geste, mit der sie mich schon als Kind immer beruhigt hatte –, erklärte sie, dass dieser erste Schritt nicht nur gut sei, sondern die Grundlage für den nächsten. Meine Großmutter sagte, ich sollte meiner Sehnsucht jetzt eine Form geben, die andere sehen könnten. Sie sagte, jede Form sei ein Magnet für andere Menschen, und ein Magnet würde immer genau das anziehen, was zu ihm passt. Nun habe ich keine solche Begabung wie Töpfern, Musizieren, Schreiben oder Malen und dies entgegnete ich meiner Großmutter. Wie, so fragte ich sie, soll ich meiner Sehnsucht Form verleihen, wenn ich kein Künstler bin?«

Er sah sie an und sie starrte regungslos zurück, als stünde sie einem Engel gegenüber.

»Wie sollen wir das schaffen?«, wiederholte er. »Wie erreichen wir es, dass unsere tiefsten Sehnsüchte sich erfüllen? Ist das nicht eine der wesentlichsten Fragen in unserem Leben?«

Sie nickte kaum merklich, konnte ihren Blick nicht von seinen Lippen lassen, wie jemand, der einen Delfin beim Spiel in den

Wellen des Ozeans beobachtete. Sie hörte seine Stimme wie das ferne Rufen von Möwen, spürte, dass seine Worte ihr Herz umhüllten wie warmes Lagunenwasser. Sie fühlte, wie in ihr selbst gerade ein Wunder geschah.

Er fuhr fort: »Meine Großmutter beruhigte mich. Sie sagte: Du musst kein Künstler sein, um etwas zu erschaffen. Die Menschen sehen nicht nur mit den Augen. Viele sehen auch mit ihrem Herzen. Manche sehen sogar vor allem mit ihrem Herzen. Menschen spüren Menschen und dein Geist erschafft in jedem Augenblick etwas, das andere spüren, ganz gleich, wie weit sie entfernt sein mögen, und ob sie dir schon begegnet sind oder nicht. Sie spüren Gleiches, etwas, das wie sie selbst ist. Tauche in die Vorstellung deiner Sehnsucht ein, als wäre sie eine Erzählung in einem Buch. Denke nicht daran, ob sie sich erfüllen könnte oder nicht. Spüre, wie deine Sehnsucht für dich Wirklichkeit ist, ganz gleich, ob andere dies mit dir teilen oder nicht. Wenn du möchtest, dann erzähle von deinem Traum oder erschaffe etwas. Aber auch ohne dies werden Menschen kommen, die denselben Traum in sich spüren. Dies sind die Menschen, die Teil deiner Welt werden. Eine eigene Welt innerhalb dieser Welt, das ist es, was jeder von uns hat. Man nennt es ›Lebensweg‹.«

Der Mann legte den kleinen Tonklumpen, der jetzt eine Möwe war, auf die Töpferscheibe.

»Wenn wir unsere Gedanken zu einer Sehnsucht als Kunstwerk verstehen, können wir sie einfach nur erschaffen und ansehen und uns darüber freuen, wie sie sich anfühlen. Und dann wirken sie auf andere ebenfalls schön und anziehend.«

Er sah sie an. »Glaubst du, dass es funktioniert?«

Die Frau konnte nicht antworten. Sie starrte auf den Ton-klumpen, der hinter ihren Tränen verschwamm und sie sah, wie in diesem unscharfen Schleier eine Möwe aufflog und zum Fens-ter hinaus verschwand. Sie erinnerte sich, dass sie seit sieben Wochen jeden Abend einen neuen Vogel erschaffen hatte. Nie-mand hatte sie dabei beobachtet, niemandem hatte sie davon er-zählt, weil sie keinem Menschen das Ergebnis zeigen konnte. Die Vögel, so glaubte sie manchmal, waren nur in ihrem Kopf vor-handen. Eine Fantasie. Und jetzt, in diesem Augenblick, stand ein Mann neben ihr, der sie ebenfalls sehen konnte. Der sie sogar erschaffen konnte.

»Ja, ich glaube, dass es funktioniert«, brachte sie schließlich hervor. »Ich weiß sogar ganz sicher, dass es funktioniert.« Sie wischte sich die Tränen aus den Augenwinkeln und sah ihn an. »Aber was ist, wenn niemals einer dieser Vögel in meinem Regal stehen wird? Wenn sie immer wieder fortfliegen, sobald ich sie aus dem Ton befreit habe? Wenn niemand sonst sie je zu Gesicht bekommt?«

Er legte eine Hand auf ihre Schulter. Sanft wie ein warmer Windhauch. Vertraut und unendlich friedlich. Wie ein seit lan-gem fehlender Teil von ihr, der sich gerade in ihr Leben fügte.

»Erinnerst du dich daran, dass sich Wunder oft in anderer Form zeigen, als wir es geplant haben? Das ist der letzte Teil des Geheimnisses: Manchmal sind Sehnsüchte nicht dazu da, um sie zu erfüllen, sondern um sie zu teilen. Manchmal sind sie einfach nur da, damit wir uns gegenseitig finden.«

Der zweite Seelenplan

Erkenntnisse

wollen gewonnen werden

Immer wenn aus einem Erlebnis
auch eine Erkenntnis entsteht,
sind Sie dem Plan Ihrer Seele
einen großen Schritt gefolgt.

*»Alles Wissen und die
Vermehrung unseres Wissens
endet nicht mit einem Schlusspunkt,
sondern mit einem Fragezeichen.«*

HERMANN HESSE
Deutsch-schweizerischer Schriftsteller
* 2. Juli 1877 in Calw (Deutschland)
† 9. August 1962 in Montagnola (Schweiz)

Samuel und der tanzende Schlüssel

Tief in Samuel wirkte von Kindheit an ein kleiner Abenteurer. Bereits mit achtzehn begann er ferne Länder zu bereisen, und während seines Wirtschaftsstudiums nutzte er jede Gelegenheit, neue Regionen der Erde zu erkunden. Er war auf der Suche nach der Antwort auf die Frage »Warum bin ich hier?«. Auf seinen Reisen erlebte er viele Situationen, die ihm erfüllende Antworten gaben.

Während des Studiums lernte Samuel seine spätere Frau Jessica kennen, die ganz ähnliche Sehnsüchte mit ihm teilte. Von da an erkundeten sie die fernen Länder gemeinsam. Nach seinem Studium nahm Samuel eine Stelle in einem Industrieunternehmen an. Aufgrund seines Fleißes und seiner beruflichen und sozialen Kompetenz erhielt er bald eine Stelle in der Unternehmensleitung. Gemeinsam mit Jessica bezog er ein Haus im Grünen und beide lebten ein scheinbar perfektes Leben. Alles schien reibungslos zu funktionieren und beide freuten sich über das Glück, das sie miteinander und in ihrem Leben hatten.

Mit der Position und dem Gehalt wuchsen nicht nur Samuels Aufgaben und die Verantwortung, sondern auch der Zeiteinsatz und die äußeren Zwänge. Zum Beispiel forderte seine Position, dass er gegenüber Kunden und Mitarbeitern im dunklen Anzug mit Krawatte und Aktenkoffer auftrat. Eigentlich kein erwähnenswerter Umstand, wäre da nicht dieses Gefühl in Samuel gewesen, dass etwas daran »falsch« war. Immer wenn er sich mor-

gens die Krawatte umband, fühlte es sich für ihn an wie ein Halsband. Wenn er das Sakko überzog, war es, als würde er sich verkleiden. Und wenn er vor dem Firmengebäude aus seinem Dienstwagen stieg und seine Finger den Griff seines schwarzen Aktenkoffers umklammerten, fühlte sich das wieder ganz deutlich »falsch« an. Er dachte daran, wie sich die Gurte seines Rucksacks auf den unzähligen Reisen angefühlt hatten, und er fand, dass eigentlich weder ein Anzug noch eine Krawatte und auch kein Aktenkoffer in sein Leben gehörten.

Dennoch brachte es die Stelle eben mit sich und so versuchte er sich an das Gefühl zu gewöhnen. Es gelang ihm nie. Jeden Tag spürte er das Unwohlsein und die Unstimmigkeit seines Auftritts, aber alle praktischen Argumente deuteten darauf hin, dass es so sein musste. Er hatte eine gute Stelle, ein gutes Gehalt, ein hohes Ansehen... alles, was sich viele andere Menschen sehnlichst wünschten. Mit diesen widersprüchlichen Empfindungen erledigte er seine beruflichen Aufgaben und widmete sich seiner Frau, so gut es die verbleibende Zeit ermöglichte.

Nach fünf Jahren trennte sich seine Frau von ihm mit der Erklärung, dass ihr gemeinsames Leben ganz anders verlaufen würde, als sie es sich einmal zusammen vorgestellt hatten. Nachdem er die Trennung einigermaßen verwunden hatte, widmete er sich mit seiner neu gewonnenen Freizeit noch mehr seinem Beruf und einigen Kurzzeitbeziehungen.

Weil er gleichzeitig immer deutlicher fühlte, dass in seinem Leben etwas nicht stimmte, fasste er als ersten Schritt den Mut, seinen Anzug abzulegen und zu einem sportlich eleganten Stil zu wechseln. Überraschenderweise störte das niemanden. Eine Weile fühlte er sich besser, doch dann kam das Gefühl, dass etwas falsch war, zurück. Er dekorierte sein Büro um, aber auch das half nur wenige Tage. Dann verringerte er seine Überstunden, in der Hoffnung, dadurch mehr Zeit für sich selbst und sein Leben zu erhalten. Doch die Unzufriedenheit blieb. Also veränderte er die bestehenden Regeln weiter und richtete sich zu Hause einen Arbeitsplatz ein. Einen bis zwei Tage pro Woche arbeitete er zu Hause, doch dann stellte er bald fest, dass berufliche Anrufe in seinem privaten Rückzugsgebiet alles nur noch verschlimmerten. Und noch immer spürte er jeden Morgen den Griff seines Aktenkoffers und wie wenig dieses Ding zu ihm passte. Er kaufte verschiedene andere Koffer, doch das Gefühl änderte sich nicht wesentlich. Stattdessen bekam er immer häufiger migräneartige Kopfschmerzen und wurde anfällig für alle möglichen Infektionskrankheiten, die gerade die Runde machten. Er wusste, dass er sich nach Freiheit sehnte, hatte jedoch keine Ahnung, was er anstatt seiner aktuellen Arbeit tun sollte. Er wusste, dass der Wechsel in ein anderes Unternehmen nichts verbessern würde, denn die Grundregeln waren überall ähnlich. Es war zum Verrücktwerden, was immer er auch tat – er fand keine Lösung.

Eines Tages fand eine Konferenz der Führungskräfte des Unternehmens statt. Irgendwann wurde eine Unterlage gebraucht, die sich in einem der verschlossenen Wandschränke befand. Samuel nahm den Schlüssel aus einer Schublade, um den Schrank zu öffnen, und in diesem scheinbar bedeutungslosen Augenblick geschah etwas, das sein ganzes Leben verändern sollte. Die Hand, *mit der er den Schrank aufschließen wollte, zitterte so sehr, dass er den Schlüssel nicht ins Schloss bekam. Er stand vor dem Schrank und wusste, dass hier etwas überhaupt nicht mehr in Ordnung war. Er nahm seine andere Hand zu Hilfe und es gelang ihm, den Schrank aufzuschließen und die Unterlagen herauszuholen. Die Konferenz ging weiter, aber für Samuel war ihr Verlauf nicht mehr wichtig. Er dachte nur noch über eine Frage nach: Was ist hier los, dass ich mit siebenunddreißig Jahren einen Schlüssel nicht mehr ins Schloss stecken kann?*

Die Antwort wurde ihm noch während der Besprechung klar: Er war vollkommen im falschen Film. Auf der falschen Lebensspur. Abseits von allem, was er jemals erleben wollte. Alle Anzeichen der vergangenen Jahre hatten immer wieder darauf hingewiesen, dass er mit voller Kraft einen Weg entlangraste, dem er eigentlich gar nicht folgen wollte. Er hatte die warnende, innere Stimme jedes Mal gehört und ihr geantwortet, dass man eben Opfer bringen müsste und dass es anderen ebenso erginge. Aber das Erlebnis mit dem Schlüssel hatte ihm etwas Grundlegendes vor Augen geführt: Wenn er nicht sofort etwas an seinem Leben änderte, würde der nächste Hinweis erheblich deutlicher werden als eine zitternde Hand. Vielleicht wäre es dann ein Herzinfarkt.

Samuel ließ noch das Wochenende verstreichen, um seine Erkenntnis zu überprüfen. Am Montag darauf kündigte er nach elf Jahren seine Stelle. Als sein Chef ihn nach den Gründen fragte, antwortete er: »Weil ich gemerkt habe, dass ich im falschen Leben bin. Das Leuchten in meinen Augen ist verschwunden. Ich habe keine Ahnung, was ich tun werde, vielleicht werde ich Tauchleh-

rer auf einer Insel oder Entwicklungshelfer in Afrika. Aber eines weiß ich ganz sicher: Das hier noch länger zu tun ist falsch.«

Nach seiner Kündigung fühlte er ein Gefühl von Freiheit in sich aufsteigen, wie er es zum letzten Mal auf seinen Reisen zu Studienzeiten gespürt hatte. Es war, als hätte ihm jemand ein neues Leben geschenkt, die Chance, noch einmal ganz von vorne anzufangen. Samuel nutzte sie. Heute berät er Menschen in beruflichen Krisen und schreibt als freier Journalist für verschiedene Zeitungen. Seinem Kindheitstraum vom Tauchlehrer geht er im Urlaub nach.

Angenommen, Ihre Seele hat sich etwas Bestimmtes vorgenommen und sendet Ihnen die Signale dazu in Form einer Sehnsucht. Diese Sehnsucht möchte Sie irgendwohin ziehen, zu einem Ziel, das spüren Sie ganz genau, und Sie möchten diesem Ruf auch folgen. Gleichzeitig scheint es manchmal Kräfte zu geben, die man nicht so richtig beschreiben kann und die zwischen Ihnen und diesem Ziel stehen. Irgendetwas, das Sie abhält, den Weg klar zu erkennen, und etwas, das Sie abhält, sich in die Richtung der Erfüllung Ihrer Sehnsucht zu bewegen.

● Die Kräfte, die Sie abhalten, *das Ziel und den Weg klar zu erkennen,* sind wie Schleier vor der Wahrnehmung. Man fühlt vage etwas, so wie eine Ahnung, aber man kann es nicht klar sehen.

Diese Schleier können Sie Stück für Stück durchdringen, wenn Sie wissen, woher sie kommen und wie sie wirken. Falls Sie hierüber mehr wissen möchten, könnten Sie in meinem Buch »Die 7 Schleier vor der Wahrheit« nützliche Entdeckungen machen.

● Die Kräfte, die Sie abhalten, *sich in die Richtung der Sehnsucht zu bewegen* (selbst wenn Sie Ziel und Weg klar sehen), sind sogenannte »Bindungskräfte«. Bindungskräfte können Sie sich wie Aufgaben Ihrer Seele vorstellen. Themen, die noch erlebt oder in Ordnung gebracht werden sollen. Sie binden Ihr momentanes Leben an einen bestimmten Menschen, mit dem noch etwas durchlebt werden soll, oder an bestimmte Wünsche, deren Erfüllung noch erfahren werden soll, oder an bestimmte Handlungen, die noch ausgeführt werden sollen, um etwas auszugleichen oder erstmalig zu fühlen. In allen drei Fällen werden Sie frei – und können der Sehnsucht folgen –, wenn Sie die betreffende Erkenntnis zum Thema vollständig gemacht haben.

WAS IST EINE »ERKENNTNIS«?

Sie können eine Situation einfach nur erleben, sich darüber freuen oder ärgern und dann weitermachen. Das ist mit den meisten Erlebnissen so, denn das Leben erzeugt Situationen und Eindrücke in so großer Menge und Geschwindigkeit, dass man nicht über jede Kleinigkeit tiefsinnig nachdenken kann.

Andere Situationen können Sie nicht so einfach hinter sich lassen, weil Sie etwas in Ihnen berühren. Entweder erleben Sie besonders schöne Gefühle oder Sie werden aufgewühlt und verwirrt, oder die Situation hinterlässt einen unangenehmen Nachklang. Solche Fälle erzeugen vielleicht Fragen, weil Sie künftig das Schöne wiederholen oder das Unangenehme vermeiden möchten. Auf jeden Fall will etwas in Ihnen das Ganze *verstehen*. Es ist wie ein verzwicktes, vielschichtiges Problem, für das Sie eine Lösung suchen. Sie spüren genau, dass das Problem erst verschwinden wird, wenn Sie die Erkenntnis wirklich gewonnen haben.

Wann ist das der Fall? Eine wirkliche Erkenntnis findet genau dann statt, wenn Herz und Verstand etwas gleichzeitig verstehen. Wenn man es fühlt und gleichzeitig den Sinn dahinter erkennt, erleben alle Ebenen der eigenen Existenz einen deutlichen Wachstumsschritt. Die Gefühle während einer Erkenntnis können angenehm oder unangenehm sein. Vielleicht erinnern Sie sich an Situationen, in denen etwas Ähnliches wie das Folgende in Ihnen ablief?

»Ich habe so lange daran/an ihn/an sie geglaubt, aber ich habe mich geirrt. Es ist für mich schmerzlich, aber wahr. Das Gute daran ist, dass ich nun endlich meinen Weg weitergehen kann. Das fühlt sich wunderbar an.«

Oder: »Ich war so lange misstrauisch, weil es zu schön erschien, um wahr zu sein. Jetzt weiß ich es endlich, mit jeder Faser meines Seins: Es ist richtig. Ich darf es annehmen und genießen.«

Spüren Sie, wie sehr eine fehlende Erkenntnis Ihren Weg blockiert und wie schnell eine gewonnene Erkenntnis den Weg frei macht? Deshalb sehnt sich Ihre Seele nach Erkenntnissen. Sie möchte mit Ihnen zusammen den Weg weitergehen können.

Wann hören meine Wünsche jemals auf?

Erst wenn Ihre Seele eines der letzten Male in ein menschliches Leben kommt, werden auch die letzten Wünsche aufhören. Nicht vorher. Wenn alles erlebt und gefühlt wurde, wenn alles, was möglich ist, erschaffen und wieder zerstört wurde, wenn auch die letzte Beziehung zu bestimmten anderen Seelen vollständig erfahren und ausgeglichen wurde, dann werden keine Wünsche mehr entstehen. Am besten fragen Sie sich nicht, wie Sie Ihre Wünsche loswerden. Sie helfen Ihrer Seele, wenn Sie das heilen, was Sie daran hindert, Ihren Sehnsüchten zu folgen.

Wann genau ist ein Lebensthema gelöst?

Dafür gibt es ein klares Anzeichen: Wenn Sie ein Thema in sich gelöst haben, wird es für Sie uninteressant. Es wird Ihnen »egal« werden, denn Sie haben es in jeder Art und Weise mit allen Gefühlen durchlebt und verstanden, und Sie sind zu einem Abschluss gekommen. Sie wissen genau, worin die Irrtümer liegen und was die Wahrheit ist. Würde es erneut in Ihr Leben kommen, wären Sie eher gelangweilt. Die Ebene, auf der das Thema sich bewegt, ist vollständig erfahren und Sie fühlen, dass Sie bereits auf einer höheren Ebene sind. Das ist der Hinweis, dass eine Erkenntnis vollständig stattgefunden hat.

Das Gefühl, von einem bestimmten Thema »gelangweilt« zu sein, hat einen ganz konkreten Grund: Es laufen keine automatischen Gefühle mehr ab. Es gibt keine »Knöpfe«, die noch gedrückt werden. Nichts in Ihnen reagiert auf die Situation, weil alles in Ihnen erkannt hat, wie es funktioniert. Es wird vollständig durchblickt.

Wenn in Ihnen zu einem Thema keine Gefühle mehr aktiviert werden und auch Ihr Verstand es langweilig findet, darüber nachzudenken (weil es dazu keine neuen Erkenntnisse gibt), wird Ihre Ausstrahlung zu diesem Thema »neutral« werden und Sie ziehen auch keine Wiederholungen mehr an.

Welche Wirkung haben Erlebnisse ohne Erkenntnisse?

Viele Erlebnisse kommen einfach und gehen wieder und es ist erledigt. Damit werden Sie sich eher weniger beschäftigen. Wenn Ihnen in Ihrem Leben hingegen Wiederholungen auffallen, weist dies auf zwei Dinge hin: Da ist etwas von Bedeutung und es hat noch nicht die volle Erkenntnis stattgefunden. Die Wiederholun-

Wann hören die Wiederholungen endlich auf?

⭐ *Wenn zu einem Thema alle Aspekte erlebt, alle Rollen durchlaufen wurden;*

⭐ *wenn der Verstand die Wahrheit sieht, die Zusammenhänge erkennt und den Sinn versteht;*

⭐ *wenn alle Gefühle dazu durchfühlt und angenommen wurden,*

dann gibt es zu einem Thema nichts Neues mehr zu erfahren. Dann ist die Erkenntnis vollkommen und die Wiederholungen klingen aus.

gen entstehen, weil noch starke Gefühle zu dem Thema laufen und diese Gefühle ziehen die Situationen an. Suchen Sie den Sinn und Sie werden frei.

Welche Wirkung haben Erkenntnisse für mein Ich?

Ihr Verstand freut sich sehr über Erkenntnisse, denn er ist eine Problemlösungsmaschine. Erkenntnisse, die etwas in Ihrem Leben verändern, kann er beobachten und sie zeigen ihm, dass er seinen Daseinssinn erfüllt und seine Arbeit richtig macht.

Welche Wirkung haben Erkenntnisse für meine Seele?

Ihre Seele »freut« sich über Erkenntnisse, denn immer wenn Sie etwas gelöst haben, werden Sie ein Stück »leichter«. Sie kommen besser auf dem Lebensweg voran, halten sich nicht mehr mit dem immer gleichen ungelösten Thema auf, kommen neuen Erlebnissen endlich näher. Wenn Ihre Seele sich freut, erleben Sie wirkliches Glück. Sie fühlen sich eins mit sich selbst und Ihrem Leben und das ist eines der größten Geschenke des Menschseins.

WIE KANN ICH MEINEN WEG DER ERKENNTNISSE PRAKTISCH UNTERSTÜTZEN?

Auf dem Wegweiser zu einem Leben mit Lebendigkeit, Wachstum und immer neuen Erkenntnissen steht das Wort »Neugier«. Alles andere geschieht von alleine. Wenn Sie in sich einen kleinen oder großen Forscher oder eine Forscherin fühlen, tun Sie alles, um es ihm oder ihr gut gehen zu lassen. Dieses kleine Wesen in Ihnen, mit all seinen Fragen und Zweifeln, ist Ihnen nicht gegeben worden, um Sie zu plagen. Es ist Ihr Lebensmotor. Was es fragt und wonach es sich sehnt, ist ein großer Teil Ihres Lebenssinns.

Praxistipp: Erkenntnisse unterstützen

Angenommen, es geht Ihnen gefühlsmäßig gerade nicht gut. Weil nichts ohne Ursache geschieht, muss es einen Mechanismus geben, der in Ihrem System abläuft und dabei Gefühle von Leid erzeugt. Voraussichtlich ist es eine Art innerer Kampf der Kräfte. Etwas in Ihnen will nicht, dass die Realität so ist, wie sie ist. Aber die Realität interessiert sich dafür nicht. Das erzeugt unschöne Gefühle, die man instinktiv loswerden möchte. Es kann sein, dass es gerade Teil Ihres Lebensplans ist, eine ganz bestimmte Erkenntnis zu gewinnen. Und dabei müssen Sie eine alte Idee oder Überzeugung sterben lassen, weil das, was gerade passiert, nicht mit dem übereinstimmt, was Sie bislang glaubten.

Ob ein solcher Erkenntnisprozess gerade abläuft, werden Sie von selbst spüren, wenn in Ihnen ständig wieder dieselben Fra-

Aus einer Sehnsucht Ihrer Seele heraus entwickelt sich ein konkreter Wunsch für Ihr Leben.

Aus einem menschlichen Bedürfnis heraus entwickelt sich ebenfalls ein konkreter Wunsch für Ihr Leben.

Wenn sich diese Wünsche widersprechen, spüren Sie einen inneren Konflikt in sich. Dann wirken die Kräfte gegeneinander und nichts von beiden kann sich erfüllen.

Wenn dieser Zustand länger andauert, besteht darin vielleicht sogar eine »Lebensaufgabe«.

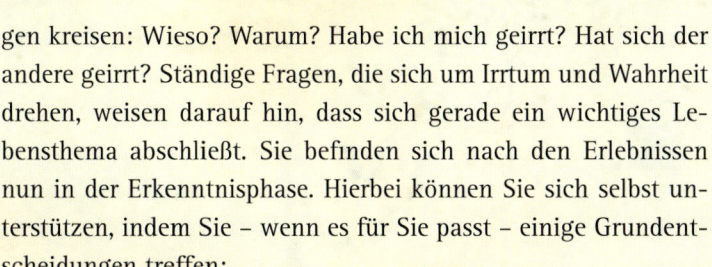

gen kreisen: Wieso? Warum? Habe ich mich geirrt? Hat sich der andere geirrt? Ständige Fragen, die sich um Irrtum und Wahrheit drehen, weisen darauf hin, dass sich gerade ein wichtiges Lebensthema abschließt. Sie befinden sich nach den Erlebnissen nun in der Erkenntnisphase. Hierbei können Sie sich selbst unterstützen, indem Sie – wenn es für Sie passt – einige Grundentscheidungen treffen:

- Ich bin bereit, der Lebensidee meiner Seele zu folgen, ganz gleich, was sie sich vorgenommen hat.

- Ich will wachsen.

- Ich bin bereit, auch deutliche Veränderungen zu erleben. Immer wieder.

- Was immer ich gerade glaube zu wissen, bin ich bereit, gegen neues Wissen einzutauschen, wenn es mich voranbringt.

- Was immer ich bisher erlebt habe, bin ich bereit, wieder zu erleben, wenn ich dadurch die Erkenntnisse gewinne, die mich auf die nächste Ebene führen. Nicht, dass ich Wiederholungen lieben würde, aber wenn es sein muss, bin ich dafür bereit.

Gerade das Bekenntnis, sich nicht gegen mögliche Wiederholungen zu wehren, bewirkt oft viel Veränderung. Solange man sich gegen bestimmte Situationen wehrt, zieht man sie immer wieder an. Der Sinn liegt nicht darin, sich gegen das Leben zu wehren, sondern das Leben anzunehmen.

Wenn Sie alle oben erwähnten Bekenntnisse zusammenführen würden, wäre die Essenz: »Ich bin bereit, den inneren Widerstand gegen mein eigenes Leben aufzugeben. Ich bin bereit, das zu unterstützen, was gerade fließen will.«

Falls das in Ihnen Resonanz erzeugt, belassen Sie es nicht beim Lesen oder Denken. Schreiben Sie es in Ihren Worten auf Papier nieder. Es ist wie ein Vertrag, den Sie mit Ihrer Seele schließen. Was Sie selbst aufschreiben, hat mehr Wirkung als etwas, das Sie lesen oder hören.

Der dritte Seelenplan

Lasten

wollen losgelassen werden

Wenn Sie erkennen,
was Sie mit sich tragen
und wie Sie es ablegen können,
öffnen Sie die Türen für Glück,
Freiheit und Seelenwachstum.

»Ich könnte mir gut vorstellen,
dass ich in früheren Jahrhunderten gelebt habe
und dort an Fragen gestoßen bin,
die ich noch nicht beantworten konnte,
so dass ich wiedergeboren werden musste,
weil ich die mir gestellte Aufgabe nicht erfüllt hatte.
Wenn ich sterbe, werden – so stelle ich es mir vor –
meine Taten nachfolgen.
Ich werde das mitbringen, was ich getan habe.«

CARL GUSTAV JUNG
Schweizer Mediziner, Psychologe und
Begründer der analytischen Psychologie
* 26. Juli 1875 in Kesswil
† 6. Juni 1961 in Küsnacht

Isabella, Oliver und
das Loslassen

Isabella und Oliver kennen sich seit sechs Jahren. Das erste Jahr waren sie ein Paar gewesen, aber es hatte nicht wirklich funktioniert. Sie hatten sich getrennt, aber bald darauf erkannt, dass sie einander nicht völlig loslassen wollten. Also beschlossen sie, ihre Beziehung auf eine freundschaftliche Basis zu stellen. Isabella suchte weiter nach einem passenden Partner. Und Oliver suchte weiterhin den Kontakt zu Isabella.

Oliver hatte nicht viel Erfahrung mit Beziehungen, und er spürte eine intensive Verbindung zu Isabella, obwohl diese vom Typ her völlig anders war als er selbst. Isabella wusste, dass Oliver mehr empfand als rein freundschaftliche Gefühle, aber sie sagte sich, dass sie sich ja auf ein klares Verhältnis verständigt hatten. Oliver wusste, dass nur Freundschaft vereinbart war und er war ein erwachsener Mann. Jeder konnte tun und lassen, was er wollte.

Im Laufe der folgenden vier Jahre hatte Isabella fünf Beziehungen zu Männern, von denen keine als Partnerschaft funktionierte. Und Oliver hatte noch immer Isabella.

Oliver sah gut aus und immer wieder interessierten sich Frauen für ihn. Er bemerkte dies auch, fühlte aber keinen Impuls, sich auf eine andere Frau einzulassen.

»Oliver, ich mag dich sehr«, sagte Isabella bei einer ihrer häufigen Aussprachen. »Du bist wie ein bester Freund, ein enger

*Vertrauter, ein Bruder für mich. Aber gleichzeitig fühle ich mich,
als läge eine Last auf mir. Es ist, als wäre ich nicht wirklich frei,
obwohl wir ganz klar vereinbart haben, dass wir uns loslassen.
Ich glaube, diese Last ist der Grund, warum ich keinen Mann für
eine Partnerschaft finde. Vielleicht ist sie auch der Grund, warum du noch immer allein bist. Bitte lass mich los und such dir
eine gute Frau.«*

*Oliver nickte. Und er weinte. Er sagte, dass er Isabella verste-
hen würde und er alles tun werde, damit es ihr gut ging. In den
kommenden vier Monaten sahen sich die beiden deutlich weniger
als sonst. Gleichzeitig spürte Isabella jedoch, dass damit ihre
Last nicht verschwand. Es war, als hätte sie eine Art Verantwortung für Oliver übernommen, die sie einfach nicht loswerden
konnte. Sie erinnerte sich, dass es in der Vergangenheit immer
wieder zu heftigen Auseinandersetzungen gekommen war, weil
Isabella über Olivers Anhänglichkeit wütend wurde. Doch was
immer sie auch sagte oder tat, es schien unmöglich zu sein, ihn
gegen sich aufbringen. Sie mochte ihn und verstand ihn, und
deshalb war es ihr unmöglich, ihn ganz von sich wegzustoßen.
Die ganze Beziehung war eine Pattsituation, in der keiner von
beiden mehr wusste, was der nächste Schritt sein könnte.*

*So verbrachten die beiden ein weiteres Jahr in ihrer – wie
Freunde es nannten – »seltsamen Beziehung«. Erst als Isabella
wieder einmal von einem Liebhaber verlassen worden war, kam
ihr die zündende Erkenntnis. »Du tust zwar so, aber du bist überhaupt nicht frei«, hatte der Mann ihr bei ihrer letzten Ausspra-
che gesagt. »Dieser Oliver hängt an dir wie eine Klette und du*

tust nichts dagegen. Ihr zerstört euch beide euer Leben. Lass den Kerl los, sonst wird keiner von euch jemals glücklich.«

Als Isabella dies hörte, kam augenblicklich Wut in ihr auf. Was wusste dieser fremde Typ schon über Oliver? Er hatte ihn nie gesehen. Was für eine Anmaßung, ein solches Urteil zu fällen. Mit so jemandem wollte sie nichts mehr zu tun haben.

In der Nacht nach diesem Gespräch konnte Isabella nicht schlafen. Ständig kreisten ihre Gedanken um Oliver und um das, was ihr Ex-Freund ihr gesagt hatte. War es nicht genug, eine klare Vereinbarung zu treffen? Sie hatte Oliver doch nie Hoffnungen gemacht? Sie lebte vor seinen Augen Beziehungen zu anderen Männern. Immer wieder betonten beide auch vor anderen, dass sie nur eine Freundschaft verband. Und als solche Freunde verbrachten Sie eben auch einmal ein paar Tage zusammen auf Veranstaltungen oder Ausflügen. Wo war da das Problem? Je mehr Isabella nachdachte, umso deutlicher wurden die inneren Bilder, die ihr zeigten, dass Oliver noch immer mehr war als ein normaler Freund. Tatsächlich war er alles andere als ein freier Mann und sie selbst war keine freie Frau. Da gab es ein unsichtbares Band, eine unausgesprochene Verbindung, die sie beide zusammenhielt wie Gefangene an einer Kette. Isabella wusste nicht genau, woraus dieses Band bestand, aber sie wusste, dass es unbedingt gelöst werden musste.

Isabella wälzte sich die ganze Nacht grübelnd im Bett hin und her, und sie kam immer wieder nur zu der einen – der einzigen – Lösung. Doch diese Lösung war so schmerzvoll, dass sie es nicht glauben wollte: Sie selbst musste Oliver loslassen. Weil er – als stärker abhängiger Teil – es nicht konnte. Und dieses Loslassen war nichts, was man als gegenseitige Vereinbarung beschließen konnte. Es war ein wirklicher innerer Abschluss. Nur ein vollkommenes Ende der Beziehung würde Oliver endlich in sein Leben zurück entlassen.

Isabella erkannte, warum sie das bislang nicht getan hatte. Sie mochte Oliver sehr und wollte ihn vor dem großen Schmerz bewahren, den er erleben würde, wenn sie sich wirklich endgültig trennten. Diese Angst vor dem Schmerz der Trennung war das Band, das sie wie Gefangene miteinander verbunden hielt. Wenn sie nicht bereit war, dieses Gefühl zu erleben und Oliver dieses Gefühl erleben zu lassen, würden sie immer weiter unerfüllte Beziehungen erleben. Sie wären auf ewig unfrei.

Diese Erkenntnis war so grundlegend, dass Isabella am nächsten Tag nicht in ihre Arbeit gehen konnte. Sie meldete sich krank und ging am Fluss in der Nähe spazieren. Der Fluss machte sie ruhiger. Irgendwann, nach einigen Stunden, waren alle Möglichkeiten nochmals durchgespielt, alle Lösungswege erwogen und alle Gedanken zu Ende gedacht. Und noch immer zeigte sich ihr nur die eine Möglichkeit: Wenn ihrer beider Leben wieder in Fluss kommen sollte, musste sie Oliver zurück in seinen eigenen Lebensfluss entlassen.

Am Abend rief Isabella Oliver an und erklärte ihm, was sie erkannt hatte. Sie sagte, dass er seinen eigenen Weg finden müsste und sie den ihren und dass es keinen gemeinsamen gäbe. Sie sagte ihm nicht mehr, wie sehr sie ihn mochte, um es ihm nicht noch schwerer zu machen. Stattdessen erklärte sie ihm, dass ihre Entscheidung endgültig sei und dass sie nichts mit ihm und seinen Qualitäten als Mensch oder Mann zu tun hatte. Ihr letzter Satz war: »Oliver, dies ist unser letztes Gespräch und ich wünsche dir alles Gute.«

Dann legte sie auf, weil ihr Hals so eng wurde, dass sie nicht weiter sprechen konnte. Isabella weinte die halbe Nacht, so sehr wie selten zuvor. Doch hinter all diesem Weinen spürte sie dieses Mal eine Art Stabilität. Ein wenig wie ein Licht oder ein Fluss aus Freude, obwohl das eigentlich nicht sein konnte. Als das Weinen weniger wurde, hörte sie ihre eigene Stimme in sich sagen: »Endlich ist es zu Ende.«

Nach einigen Wochen verschwanden auch die letzten schmerzhaften Gedanken an Oliver, und Isabella fühlte sich, als würde ein neues Leben beginnen. Wie jemand, der endlich seinen Koffer packt, um die lang ersehnte Reise in die Welt anzutreten. Ihre Freundinnen bescheinigten ihr deutliche Veränderungen und spürbar mehr Kraft und Lebensfreude.

Isabellas nächste Beziehung ließ deutlich länger auf sich warten als in den vergangenen Jahren. Erst nach fünfzehn Monaten lernte sie wieder einen Mann kennen. Und dieses Mal war alles anders. Die beiden leben heute zusammen.

Eine der größten Anforderungen, vor die das Leben uns stellen kann, ist, einen geliebten Menschen in Liebe loszulassen, damit er – und man selbst – seinem Lebensplan weiter folgen kann. Die Herausforderung ist deshalb so groß, weil sie eine der selbstlosesten Taten ist, die man vollbringen kann. Man nimmt den eigenen Schmerz der Trennung auf sich, um dem anderen die Freiheit für sein Leben zurückzugeben. Und man lässt die Fürsorge los, die man für das Wohl des anderen übernommen hat. Man setzt ihn dem Risiko des eigenen Gefühlslebens aus und sich selbst ebenso.

Für diese Entscheidung braucht es Vertrauen in den Plan des Lebens. Es braucht den Mut zu erkunden, ob hinter dem Loslassen noch etwas wartet, auch wenn man es weder sehen noch fühlen kann. Manche Menschen nennen dieses Vertrauen in die Richtigkeit von allem, was kommen wird, »Gottvertrauen«.

UNSICHTBARE LASTEN ERKENNEN

An manches von dem, was man mit sich trägt oder woran man festhält, hat man sich schon so sehr gewöhnt, dass man gar nicht mehr sagen könnte, was genau einen so bedrückt oder gefangen hält. Es lohnt sich sehr, genau hinzusehen und zu untersuchen, was man durch sein Leben schleppt, denn es kann sein, dass sich darunter genau der Punkt befindet, der einen am Weiterkommen und am Lebensglück hindert.

Ihr Leben <u>ist</u> Beziehung. Nur in der Verbindung, der Konfrontation oder dem Austausch mit anderen Menschen oder im Gefühl der Abwesenheit von Menschen, können Sie das erleben, was Ihre Seele geplant hat. Nur wenn Sie anderen begegnen, können Sie – aus diesem oder früheren Leben – offenstehende Dinge in Ordnung bringen.

Damit Sie Beziehungen auch eingehen, gibt es Belohnungen: Schöne Gefühle, erfüllte Bedürfnisse, neue Erlebnisse und Liebe.

Wenn Sie erkennen, dass die Belohnungen nicht der einzige Sinn der Beziehung sind, werden Sie den anderen und sich selbst immer besser verstehen und annehmen. Sie werden Ihre Beziehungen bewusster und bereichernder erleben.

Woran erkennt man nun seine Lebenslasten? Vielleicht kennen Sie das Gefühl, in bestimmten Lebensphasen eine Art inneres Gewicht mit sich herumzuschleppen? Etwas, das die Seele bedrückt und wie ein Stein auf der Brust liegt? Bei manchen Menschen zeigt sich der innere Druck schon in der Körperhaltung. Die betreffende Person selbst fühlt sich so, als würden reale Gewichte auf ihren Schultern oder ihrem Rücken lasten. Die Gefühle sind so intensiv, dass der Körper mit seiner Haltung darauf reagiert. Von außen wirkt es dann tatsächlich so, als würde jemand etwas Schweres mit sich herumtragen.

Was genau ist so eine Bürde und warum kann man manche davon anscheinend nicht so einfach loswerden?

Stellen Sie sich vor, Sie machen eine lange Wanderung und tragen einen wirklich schweren, unbequemen Rucksack. Irgendwann wird Ihnen die Last so unangenehm, dass Ihr Körper schmerzt und Sie es einfach nicht mehr ertragen können. Sie halten an und treffen eine Entscheidung. Sie nehmen den Rucksack ab und lassen etwas vom Inhalt zurück. Vielleicht verschenken Sie Dinge an vorbeikommende Wanderer. Oder Sie geben sogar den ganzen Rucksack weg, je nachdem wie entspannt Sie mit dem Thema Eigentum und Loslassen umgehen. Oder Sie beschließen, einfach durchzuhalten, weil Sie wissen, dass die Qual ein absehbares Ende hat. In einem solchen Fall haben Sie ein konkretes Problem (Rückenschmerzen und Erschöpfung) und Ihr logisch denkender Verstand findet mehrere konkrete Lösungsmöglichkeiten. Selbst wenn Sie nichts ändern, gibt Ihnen das Wissen um Lösungsmöglichkeiten die Kraft zum Durchhalten.

Bei einer Bürde, die einem das Leben aufgeladen hat, gibt es drei grundlegende Unterschiede, die Ihnen selbst, Ihrem Verstand und damit auch Ihrer Seele das Vorankommen und Freiwerden schwermachen können:

- Sie wissen oft nicht, welche Bürde ganz genau Sie tragen. Sie kennen den Inhalt des Rucksacks nicht.
- Sie spüren die Bürde deutlich, aber Sie wissen nicht, wie Sie sie loswerden können.
- Und es besteht keine Aussicht auf ein Ende, sodass die Idee des Durchhaltens kein Trost ist und keine Kraft gibt.

Zu allem Unglück spüren Sie vielleicht auch noch ganz genau, dass es diese Bürde ist, die Ihre Entwicklung, Ihr Vorankommen und Ihren Weg zu einem glücklichen Leben erschwert.

Warum können Sie eine Seelenlast nicht so einfach abwerfen?

Im praktischen Leben können Sie mit Ihrem Verstand eine Entscheidung treffen und etwas absagen oder wegwerfen. Anders ist es bei der Seele. Ihr Verstand und Ihr Wille bewirken dort nichts. Eine Last auf der Seele fällt nicht von Ihnen ab, weil Sie es wollen, weil Sie es sich wünschen oder weil Sie es entscheiden. Sie fällt von Ihnen ab, wenn bestimmte Umstände eintreten, sodass das Thema »sich löst«. Nicht Sie lösen das Thema, sondern *das Thema löst sich in Ihnen*. Das ist für den Verstand schwer zu begreifen. Ist er es doch gewöhnt, dass es seine Entscheidungen sind, welche die Veränderung herbeiführen.

Warum erfahre ich immer wieder Verlust?

Die Zeit und der Raum in Ihrem Leben sind begrenzt. Wenn sich Ihre Seele viele größere Erfahrungen vorgenommen hat, brauchen Sie Raum. Dann muss für etwas Neues etwas Altes aus dem Leben gehen. Loslassen jeder Art ist deshalb so schwierig, weil es Urängste vor dem Verlassenwerden auslöst. Diese Gefühle haben Sie meist schon als Kleinkind auf verschiedene Weise erfahren. Genau diese Ängste werden in einer Trennungssituation wieder aktiviert.

Immer wenn Sie etwas oder jemanden loslassen, erfahren Sie die Endlichkeit dieses einen Lebens. Sie erleben ein kleines oder großes inneres Sterben. Das ist schlimm für Ihr Ich, aber oft gut für Ihre Seele. Denn immer, wenn Sie ein solches Sterben durchlebt haben, werden der Kampf und der Widerstand gegen das Loslassen geringer. Und Sie spüren die Unendlichkeit hinter diesem einen Leben.

Ein Grund, warum Sie eine Seelenlast nicht so einfach abwerfen können, ist, weil mit ihr das Gefühl verbunden ist, dass die Last »etwas Wichtiges« ist. Sie wissen nicht genau, *was* Sie tragen, aber es fühlt sich an, als wäre es zu bedeutend, um es einfach fallen zu lassen. Es geht einfach nicht. Dieser Zustand kann unseren Verstand fast verrückt machen. Etwas tut weh und gleichzeitig kann man es nicht abstellen. Unser Verstand, der immer in Aufgabe und Lösung denkt, sieht die Ursache nicht und kann keine Lösung finden. Es ist, als wäre uns etwas Unsichtbares, Wichtiges und Schweres auf den Rücken und in den Lebensweg gezaubert worden.

Wie äußern sich Seelenlasten?

So gut wie jeder Mensch trägt seine ganz speziellen Seelenthemen mit sich herum. Kaum jemand ist davon frei. Es ist also ein ganz normaler Zustand. Man kann durchaus ein erfolgreiches und angenehmes Leben führen und gleichzeitig spüren, wie bestimmte Themen und Lasten auf einem ruhen oder gelöst werden wollen, ohne sich besonders damit zu beschäftigen.

Die Lebenspläne sind verschieden und es kann sein, dass genau Sie zu den Menschen gehören, in deren Leben sich die Seele ein größeres Ziel vorgenommen hat, als einfach nur zu überleben, irgendwie durchzukommen und es sich gut gehen zu lassen. Vielleicht hat sich Ihre Seele vorgenommen, größere Schritte zu machen, größere Lasten loszulassen, größere Erkenntnisse zu gewinnen und größere Heilung zu erfahren. Vielleicht hat sie vor, auf dem Weg in die Freiheit einen deutlichen Sprung zu machen. Sollte das so sein, werden Sie mit Sicherheit kein langweiliges Leben haben. Vielleicht haben Sie sogar das Gefühl, als würden Sie mehrere Leben hintereinander erleben. Sie fangen immer wieder von vorne an, müssen immer wieder alles loslassen und sich immer wieder alles neu erschaffen. Dann bauen Sie immer wieder neue Identitäten auf. Ihr Leben ist geprägt von ständigem Erschaffen und Loslassen, aber auch von zügig aufeinanderfolgenden grundlegenden Erkenntnissen.

Menschen, deren Lebensplan große Schritte vorsieht, empfinden sich als Suchende nach Wissen und Wachstum. Sie können es nicht einfach abstellen, immer mehr erleben, wissen und verstehen zu wollen, selbst wenn es manchmal an die eigenen Grenzen der Kraft geht.

 ## Erfahrungsübung zum Loslassen

Untersuchen Sie in sich einmal Ihre Sehnsucht nach Frieden, Harmonie oder »Ankommen«. Wenn Sie genau hinspüren, stellen Sie vielleicht fest, dass Sie nicht etwas Bestimmtes *haben* oder *erreichen* wollen. Tatsächlich wollen Sie alles, was Unruhe und Unfrieden erzeugt, loswerden. Sie möchten frei sein. Können Sie das spüren? Das ist die Sehnsucht Ihrer Seele: Freiheit.

Was können Sie tun, wenn Sie den Plan Ihrer Seele unterstützen möchten? Was ist Ihre konkrete Aufgabe? Weil Ihr Verstand die Last nicht sehen kann und weder deren Herkunft noch Sinn erkennen kann, fällt es ihm schwer, die richtige Entscheidung zu treffen, um davon frei zu werden. Wenn Sie wissen, welcher Art die Lasten sein könnten, die wir durch unser Leben tragen, helfen Sie Ihrem Verstand dabei, den Plan Ihres Lebens zu verstehen und künftig die besseren Entscheidungen zu treffen.

Aus Sicht Ihrer Seele gibt es vier Arten von Lasten:

- Eigene Lasten, die Sie in diesem Leben loslassen sollen.
- Eigene Lasten, die Sie in diesem Leben tragen sollen.
- Fremde Lasten, die Sie in diesem Leben zurückgeben sollen.
- Fremde Lasten, die Sie in diesem Leben (vielleicht) behalten sollen.

Was Ihre Seele als Leben empfindet, erstreckt sich über sehr viele menschliche Leben in Folge. Was für Sie als Mensch »mein Leben« ist, ist für Ihre Seele ein wichtiges Kapitel auf dem langen Weg. Ein Abschnitt mit neuen Möglichkeiten zur Weiterentwicklung und mit neuen Chancen, um frei zu werden. Deshalb sendet Ihre Seele Ihnen Signale, die Sie darauf hinweisen, was erkannt, bearbeitet und losgelassen werden soll. Manchmal überhören wir diese Signale, aber je mehr wir darum wissen und je feiner wir »zuhören« lernen, umso genauer werden wir verstehen. Umso leichter können wir auch folgen.

Als Sie in dieses Leben geboren wurden, haben Sie etwas mitgebracht. Nicht Ihren Körper, der ist neu. Und auch nicht Ihren Verstand, denn der durfte ebenfalls neu und an diese Zeit und Umgebung angepasst entstehen. Ihre Seele hat für dieses Leben viele Geschenke – in Form von Begabungen, Neigungen, Sehnsüchten – mitgebracht. Und Sie hat einige Aufgaben mitgebracht, die sie zu Ende führen möchte.

Aus Ihrem Lebens- und Berufsalltag kennen Sie das Gefühl, wie eine unerledigte Aufgabe auf Sie wirkt, und Sie wissen auch, wie sich mehrere unerledigte Aufgaben anfühlen. Wenn Sie über einen längeren Zeitraum nichts abschließen können, entsteht in Ihnen ein drückendes unangenehmes Gefühl. Gleichzeitig können Sie sich nicht wirklich entspannen und über neue Erlebnisse freuen. Immer nagt im Hintergrund die wartende Aufgabe und irgendwann denken Sie nur noch daran, wie Sie sie losbekommen, ganz gleich, ob durch Erledigung oder durch Weitergabe. Größere unerledigte Aufgaben verhindern ganz klar, dass Sie Glück empfinden können, denn im Glück ist immer das Gefühl von Freiheit enthalten.

Eigene Lasten, die Sie in diesem Leben loslassen sollen

Ihre Seele hat für Sie einige Dinge geplant, die sich sehr schön anfühlen werden. Dazu gehören überaus angenehme Gefühle, die Sie erleben werden, wenn sich das eine oder andere Lebensthema löst. Aber was genau löst sich da? Welche Lasten liegen auf den schönen Gefühlen?

Es sind starke Gefühle, die durch vergangene Erlebnisse erzeugt wurden. Eine solche in Ihrem System gespeicherte Erinnerung von Erlebnis und Gefühl, die bis heute wirkt und das Leben bestimmt, nennt man »Trauma«. Ein Trauma kann in diesem Leben entstanden sein oder – dann nennt man es »Seelentrauma« –

in einem früheren Leben. An manche dieser Lasten kommt man ganz gut selbst heran, für andere ist es hilfreich, einen guten Begleiter zu finden, der einem ein Gegenüber ist. Wenn Sie also selbst nicht weiterkommen, suchen Sie sich einen kompetenten Menschen Ihres Vertrauens.

Das Gute an dieser Art von Last ist, dass sie relativ leicht zu erkennen ist und es klare Wege gibt, sie zu lösen. Beim Erkennen können Sie selbst einen guten Teil der Arbeit machen, denn der klare Wegweiser zu einer Last, die Sie in diesem Leben loslassen dürfen, ist das Gefühl einer Angst:

- Angst ist eine unüberhörbare und deutliche Botschaft.

- Angst ist eine »eigene Last«, weil Sie dafür niemand anderen brauchen. Vielleicht drückt jemand Ihren »Angst-Knopf«, aber das Gefühl selbst ist in Ihrem eigenen System und nur dort kann es losgelassen werden.

- Selbst scheinbar grundlose Angst hat – aus Seelenperspektive gesehen – einen Grund. Wenn der Grund nicht in diesem Leben liegt, hat er seine Ursache in einem Erlebnis in einem früheren Leben. Ein Ereignis, das ein Echo hinterließ. Wenn Sie eine solche Angst verlieren, wird ein Teil von Ihnen frei, denn Sie müssen nicht mehr automatisch auf das Echo des vergangenen Ereignisses reagieren.

- Angst ist ein Gefühl, an dem Sie in diesem Leben wirklich aktiv arbeiten können. Sie sind Ihrer Angst nicht hilflos ausgeliefert. Um aktiv zu wachsen, gibt es kaum etwas Besseres, als sich mit seinen Ängsten auseinanderzusetzen.

- Auf dem Weg, eine bestimmte Angst loszulassen, findet große Erkenntnis und Wachstum statt. Und das liebt die Seele.

- Um eine Angst loszulassen, muss man *nicht* die ganze Geschichte (aus diesem oder einem früheren Leben) kennen. Es ist viel einfacher. Eine Angst wird losgelassen, wenn sie nicht mehr abgewehrt wird. Wenn Sie einmal zugelassen und angenommen – also vollkommen durchfühlt – wurde, löst sie sich auf. Das ist ein klarer Weg. Das Einzige, was er erfordert, ist der Wille, frei zu werden und zu wachsen, denn sonst wird die kleine Portion Mut fehlen, die man braucht, um den ersten Schritt zu machen.

Immer wenn Sie vor etwas die Angst verloren haben, haben Sie Ihrer Seele eine große Last abgenommen. Dann sind Sie einen großen Schritt weitergekommen im Plan Ihres Lebens.

Eine Angst aufzulösen hat wirklich große Auswirkungen auf Ihren weiteren Lebensweg. Wenn Gefühle, die mit bestimmten Situationen verbunden sind, vollständig durchfühlt wurden, verschwinden sie. Und damit wird es für das Leben überflüssig, Ihnen immer wieder die Auslösesituationen zu liefern. Sie haben dann keine Resonanz mehr zu dem Thema.

Sie helfen Ihrer Seele also ganz enorm, wenn Sie sich darin üben, Gefühle zuzulassen. Gleichzeitig helfen Sie sich auch selbst als Mensch, denn Sie müssen nichts mehr unterdrücken und in sich einsperren. Und Sie werden immer stärker für Ihr Leben, denn Sie werden feststellen, dass Gefühle nicht Ihr Leben bestimmen können, sondern einfach nur kommen und gehen, während Sie in Ihrem Leben als Mensch weitermachen. Wenn Sie beschließen, dass Gefühle – ganz gleich welcher Art – da sein dürfen, werden Sie frei. Sie nehmen sich vollständig an und spüren das, was man Selbstliebe nennt.

Um einer Angst die Kraft zu nehmen, gibt es verschiedene Wege. Hier sind zwei davon:

- Man tut genau das, wovor man so sehr Angst hat. Je nach Thema, Situation und Veranlagung macht man das entweder in der eigenen Vorstellung, die man so lange wiederholt, bis die Angst aufgelöst ist, oder – wenn es für andere und sich selbst ungefährlich ist – in der Realität.

- Man fühlt einfach nur die Angst (auch wenn sie scheinbar grundlos ist). Das vollständige Fühlen macht auch die Erfahrung vollständig, sodass sie – aus Sicht der Seele – endlich »fertig erlebt« worden ist. Aus der Welt der Seele gesehen kann es sein, dass ein früheres Leben mitten in der Erfahrung einer großen Angst geendet hat und das Gefühl nicht fertig erlebt werden konnte. Oder das damalige Leben endete, ohne dass für eine immer wiederkehrende unschöne Situation eine Lösung gefunden wurde.

Was immer es war – Sie müssen es nicht analysieren. Es genügt, wenn Sie Ihrer Seele einfach nur erlauben, den letzten Abschluss zu fühlen.

> *Etwas vollständig zu fühlen bedeutet, es vollständig zu erfahren. Und etwas, das wirklich vollständig erfahren wurde, kann aus dem Lebensplan verschwinden, weil es keinen Sinn mehr erfüllt. Wenn es eine Last war, wird sie gehen.*

Eigene Lasten, die Sie in diesem Leben tragen sollen

Von dem, was manche Menschen als *Schicksal* oder *Bestimmung* bezeichnen, gibt es einen Teil, den Sie durch Ihre Entwicklung und Ihre Kraft verändern können. Und es gibt sozusagen eine Rahmenbedingung, ein Rahmenschicksal, das Sie nicht verändern können.

Es kann sein, dass jemand früh seine Eltern verloren hat. Das ist ein Schicksal, das in diesem Leben zu tragen ist und an dem nichts verändert werden kann. Oder jemand hat in jungen Jahren etwas Unschönes angestellt und selbst heute, wo er ein anderer Mensch ist, prägt ihn diese in diesem Leben erworbene Last. Oder jemand hat eine körperliche Behinderung. Oder Eltern verlieren ihr Kind.

Schicksal oder Bestimmung hat aber ebenso positive Anteile. Wenn jemand beispielsweise eine herausragende Begabung oder andere auffällig positive Merkmale hat, kann er seine besonderen Fähigkeiten nicht einfach ablegen. Sie sind untrennbar mit ihm verbunden. Sie sind sein Schicksal. Selbst wenn ihn die Begabung einsam machen würde, kann er nichts dagegen tun, dass er sie hat. Vielleicht würde er sie sich sogar manchmal wegwünschen, aber die Bestimmung interessiert sich nicht für Wünsche. Sie ist die Rahmenbedingung des Lebens.

Wenn das Leben einem Menschen Schicksalsschläge bringt, kommt oft die Frage auf: Warum ich? Oder: Wo ist da der Sinn/ die Gerechtigkeit? Oder: Warum wird mir alles auf einmal genommen?

Der Sinn kann nicht verstanden werden, wenn man nur sich selbst und den Augenblick des Ereignisses sieht. Der Sinn kann nur verstanden werden, wenn man sich den großen Plan der beteiligten Seelen ansieht. Das verhindert nicht das Leid und den Schmerz des Ereignisses. Es hilft nur – vielleicht später –, damit besser in inneren Frieden zu kommen.

Was geschieht, wenn ein schicksalhaftes Ereignis oder mehrere in Folge das Leben eines Menschen erschüttern? Konnten Sie das schon einmal beobachten? Wenn ja, versuchen Sie einmal für einen Moment, sich das Leid, das der Mensch dabei durchlief, wegzudenken. Wie hat das Ereignis das Leben noch verändert – abgesehen von dem Leid? Ist alles geblieben wie bisher? Oder hat sich bald darauf einiges deutlich verändert? Vielleicht kamen eine andere Arbeit, ein anderer Wohnort, andere Freunde oder ein neuer Partner in sein Leben? Vielleicht eine intensive Beschäftigung mit Lebensfragen und Spiritualität? Was ist in den Monaten und Jahren darauf geschehen? Gab es da »eine Wende«?

Sind nach dem unschönen Schicksalsschlag des Lebens vielleicht auch spätere positive Entwicklungsprozesse entstanden?

Große Schicksalsschläge sind wie Weichenstellungen auf der Spur des Lebens. Entweder das Ereignis veranlasst einen Menschen, sein Leben in Zukunft abzulehnen und sich zu beklagen, weil er keinen Sinn mehr darin finden kann. Oder es bringt ihn auf einen Weg der Sinnsuche und damit auf immer neue Erkenntnisebenen.

Bei wirklich unveränderlichen Einflüssen und nicht mehr rückgängig zu machenden Geschehnissen liegt der Lebensplan darin, zu lernen damit umzugehen und den Sinn zu finden. Und trotzdem oder gerade wegen dieses Schicksals weiterzumachen.

Der Junge und der Musiker

Ein weltbekannter britischer Musiker hatte auf dem Höhepunkt seiner Karriere tiefste Zweifel bezüglich des Sinns seines Lebens. Äußerlich hatte er alles erreicht, aber innerlich war nur noch Leere. Zu dieser Zeit wohnte im Nachbarhaus eine Familie mit einem neunjährigen Jungen, zu dem der Musiker immer wieder Kontakt hatte. Eines Tages wurde bei dem Kind Aids festgestellt und eine Lebenserwartung von nur noch wenigen Monaten prognostiziert. Der Musiker fühlte sich davon so betroffen, dass er einen großen Teil seiner Zeit dem Jungen widmete. Er wollte ihm die letzten Monate so schön wie möglich machen. Die beiden unternahmen viel und trotz seiner Krankheit und dem absehbaren Lebensende freute sich der Junge über jeden Tag und über jedes Erlebnis. Er hatte nichts – nicht einmal eine Zukunft – und strahlte dennoch so viel Lebensfreude aus. Und der Musiker sah sich selbst, der er alles hatte und dennoch nicht mehr wusste, was Freude war. Während der Zeit mit dem Jungen ging in dem Musiker eine tiefe Veränderung vor. Später sagte er, dieser Junge habe ihm das Leben gerettet, indem er ihm den Sinn wieder zeigte. Heute spendet er einen großen Teil seiner Einnahmen an gemeinnützige Einrichtungen und an die Aidsforschung.

Der Name des Musikers ist Elton John.

Manche Seelen beenden ein Leben vorzeitig, um anderen Menschen einen Weg zu zeigen.

Joseph, der kleine große Mann

Drei Tage vor Josephs achtem Geburtstag zog sein Vater von zu Hause aus. Joseph, der schon lange beobachtet hatte, wie sehr seine Mutter in der Beziehung zu seinem Vater gelitten hatte, wollte ihr nun ganz besonders zur Seite stehen. Josephs Mutter liebte ihren Sohn sehr und er war in der schweren Zeit der Trennung ihre größte Stütze. Er gab ihr Sinn und Geborgenheit. Genau das sagte sie ihm auch immer wieder.

»Wenn ich dich nicht hätte, wäre mein Leben sinnlos. Ich liebe dich so sehr. Du bist mein Großer!« Immer wenn Joseph das hörte, geschahen in ihm zwei Dinge. Er spürte eine große Verbundenheit und Liebe zu seiner Mutter. Und er spürte eine große Verantwortung. Je länger Josephs Vater nicht mehr Teil der Familie war, umso mehr versuchte Joseph, mit seiner Mutter zumindest »eine kleine Familie« zu sein, wie er es immer nannte. »Sei nicht traurig, du hast ja mich. Ich verspreche dir, dass ich dich nicht verlasse«, sagte er oft, um seine Mutter zu trösten. Das schien zu helfen, denn sie bedankte sich immer, wenn er so etwas sagte und strich ihm dabei liebevoll über den Kopf.

Josephs Mutter hatte lange keinen Mann mehr, obwohl es viele Verehrer gab. Joseph wurde älter, wuchs zu einem jungen Mann heran und stellte fest, dass bei ihm etwas anders war als bei seinen Freunden. Während sich die Jungen in seinem Alter immer mehr mit Beziehungen zu Mädchen beschäftigten, beobachtete Joseph dies mit gemischten Gefühlen, ohne selbst daran teilzunehmen. Die Jahre vergingen und auch Joseph lernte irgendwann Frauen kennen, doch keine seiner Beziehungen dauerte lange. Meist warfen ihm seine Partnerinnen vor, er würde sich nicht wirklich auf sie einlassen. Mit zweiundzwanzig zog Joseph von zu Hause weg, in eine andere Stadt, um dort zu studieren. Doch auch mit einer eigenen Wohnung änderte sich nichts an dem Ablauf seiner Beziehungen.

Das Studium war nicht der einzige Grund für den Umzug gewesen, aber es war eine gute Begründung. In Wahrheit wirkte in Joseph eine andere Motivation, die er sich selbst jedoch nicht ganz eingestehen konnte: Er wollte von seiner Mutter Abstand gewinnen. Und je mehr er dies versuchte, umso mehr versuchte seine Mutter, mit ihm Kontakt zu halten. Als würde sie ihn zurückzerren wollen. Sie verstand die seltsame Veränderung in ihrem Sohn nicht, und Joseph selbst fühlte sich von seiner Mutter ebenfalls immer weniger verstanden. Die beiden spürten die Spannung, doch sie wussten nicht, wie sie damit umgehen sollten.

Josephs Mutter hatte nach dem Auszug ihres Sohnes wieder Beziehungen zu Männern. Ihre Partner waren immer jünger als sie. Joseph hingegen fühlte sich eher zu älteren Frauen hingezogen, weil er sie als reifer und vernünftiger empfand. Doch auch diese Beziehungen gingen nicht lange gut.

Erst als Joseph fünfunddreißig war, fand er heraus, dass er als Kind versucht hatte, seiner Mutter den Mann zu ersetzen und dass er diese Rolle nie mehr losgelassen hatte. Ganz einfach, weil

weder er noch seine Mutter wirklich wussten, dass dies gesche-
hen war. Nach dieser Erkenntnis brauchte Joseph einige Zeit, um
in seinem Leben und im Verhältnis zu seiner Mutter den richti-
gen Platz einzunehmen. Doch drei Jahre später fand er eine Frau
in seinem Alter, mit der er eine Familie gründete.

Angenommen, ein Junge übernimmt in bestimmten Bereichen schon in frühen Lebensjahren die Rolle des Mannes im Haus, weil der Vater nicht mehr bei der Mutter lebt. Dann trägt er als Kind eine Last, die ihm – betrachtet man das natürliche Gleichgewicht – nicht gehört. Er übernimmt diese Rolle und damit die Last sozusagen aushilfsweise. Weil solche Dinge fast immer unbewusst und in winzigen Schritten geschehen, bemerkt keiner der Beteiligten wirklich, was vor sich geht. So kann es sein, dass der Junge diese Rolle nie mehr loslässt und sich auch als Erwachsener noch immer wie der Mann an der Seite seiner Mutter fühlt. Und die Mutter fühlt sich so, als hätte sie bereits einen Mann in ihrem Leben. Als logische Folge gelingt es ihr nicht mehr, einen neuen Mann an ihrer Seite zuzulassen, und der Sohn tut sich schwer, eine Frau für eine funktionierende Partnerschaft zu finden. Es kann sogar sein, dass der Sohn sich unbewusst zu älteren Frauen hingezogen fühlt, während gleichzeitig die Mutter mit Männern in ihrem Alter nicht mehr viel anfangen kann. In diesem Fall hat der Sohn eine Last auf sich genommen, die sein eigenes Wachstum behindert. Um sich davon zu befreien, muss er die Verantwortung für seine Mutter wieder an sie selbst zurückgeben. Erst dann kann er sich selber weiterentwickeln.

Bei Lasten, die man für andere trägt, liegt die Aufgabe zur Unterstützung der Seele darin, dies herauszufinden und die Anteile loszulassen, die man unbewusst für jemand anderen trägt.

Fremde Lasten, die Sie in diesem Leben (vielleicht) behalten sollen

Ihre Seele wird im Laufe ihres langen Seelenlebens letztlich jede Last irgendwann loswerden und dann frei sein. Doch nicht alles geschieht in *diesem* Menschenleben. Manche Lasten sind Ungleichgewichte, die während früherer langer Beziehungen zu anderen Menschen entstanden sind. In der Seele wird dies sozusagen gespeichert. Wenn das Ungleichgewicht groß war und im früheren Leben nicht fertig ausgeglichen werden konnte, dann wird es das eben in diesem oder im nächsten Leben. Für die zeitlose Seele macht das keinen Unterschied.

Für Sie als Mensch macht es allerdings einen großen Unterschied, weil es sein kann, dass Sie manche Dinge zu erledigen haben und diese nicht so schnell beenden können, wie Sie es sich wünschen.

Ein Beispiel: Angenommen, in einem früheren Leben hat jemand viel für den Menschen, der Sie damals waren, getan. Vielleicht hat er Ihrem damaligen Ich das Leben gerettet oder Ihnen sehr weitergeholfen, ohne dass dies ausgeglichen werden konnte. Dann würde Ihre Seele versuchen, es in diesem Leben auszugleichen. Sie würde sich beispielsweise bemühen, einem anderen Menschen etwas von dessen Lebenslast abzunehmen. Sie als Mensch würden dann einer anderen Person über längere Zeit hinweg helfen, scheinbar ohne den entsprechenden Ausgleich zu bekommen. Tatsächlich findet aber gerade ein Ausgleich statt.

Würde ein Außenstehender nun betrachten, was Sie da tun, könnte er sagen: »Warum machst du das? Siehst du nicht, dass du mehr gibst, als du bekommst? Das tut dir nicht gut.« Und Sie könnten sich selbst fragen, warum Sie das eigentlich machen, und finden keine Antwort. Aber damit aufhören können Sie auch nicht.

Wenn Sie den Plan der Seele verstehen, wissen Sie, dass so etwas kein Fehler sein muss. Es ist nicht automatisch falsch. Es kann sein, dass Sie gerade noch etwas in Ordnung bringen, damit Sie danach den nächsten großen Schritt in Ihrem Leben machen können.

Wenn Sie das Gefühl haben, etwas für einen bestimmten Menschen oder eine bestimmte Gruppe von Menschen tun zu wollen, weil es Sie berührt, folgen Sie diesen Gefühlen unbedingt. Wenn Sie auf einem Gebiet »Gutes tun« wollen, tun Sie es voll und ganz. Unterdrücken Sie es nicht und schieben Sie es nicht hinaus. Sie spüren ja, dass »es getan werden will«, also tun Sie es so lange, wie es sich wirklich richtig anfühlt.

Praxistipp:
Wie Sie den Ausgleich deutlich spüren können

Wie können Sie erkennen, ob und wann etwas ausgeglichen ist? Wie lange soll man weitermachen? Und wann soll man es gut sein lassen?

Wenn etwas ausgeglichen ist, spüren Sie das auf die gleiche Weise, wie wenn Sie eine Erkenntnis vollständig gewonnen haben: Sie verlieren das Interesse. Genau das ist der wichtige Hinweis. Es bewegt Sie nicht mehr. Es wird Ihnen »egal«. Etwas, woran Sie vielleicht lange Zeit intensiv Anteil genommen haben, etwas, das Sie nicht losgelassen hat, nehmen Sie nur noch relativ unbeteiligt zur Kenntnis. Das ist der Hinweis darauf, dass das Thema »zu Ende gelebt« ist.

Wenn eine Beziehung zu einem anderen Menschen vor allem auf gegenseitigem Ausgleich beruhte, kann es sein, dass Sie ganz plötzlich das Interesse an dem Menschen verlieren. Für den Verstand und Ihre ganze Erziehung kann das überaus verwirrend sein. Alles in Ihnen sagt dann vielleicht: »Das kann doch nicht sein, das darf nicht sein... Ich fühle ihn/sie einfach nicht mehr. Erst fühlte ich Zuneigung und Anziehung. Später war zumindest noch Abneigung und Auseinandersetzung da. Aber jetzt ist es wie tot zwischen uns. Dabei kennen wir uns schon so lange. Was ist nur falsch gelaufen?«

Nichts ist falsch. Der seelische Grund Ihrer Verbindung ist erledigt, deshalb fühlen Sie keine Resonanz mehr zu dem anderen Menschen. Sie können sich entscheiden, die Beziehung aufrechtzuerhalten, aber aus Seelensicht ist es sinnlos, noch Kontakt miteinander zu haben, weil nichts mehr ausgetauscht wird. Deshalb wird sich dann der andere Mensch für Sie auch nicht mehr »gut« oder »schlecht« anfühlen. Auch die Beziehung wird sich nicht mehr gut oder schlecht anfühlen. Vielmehr werden Sie sich selbst schlecht fühlen, wenn Sie mit dem Verstand beschließen, diese Beziehung oder auch nur den Kontakt so fortzusetzen, wie es bisher immer war. Es ist jetzt keine persönliche Angelegenheit mehr, ob Sie den anderen sehen wollen oder nicht. Es geht nicht mehr um den Menschen und es ist auch nicht gegen ihn gerichtet. Es geht um Ihr Leben. Es fühlt sich so an, als würden Sie Ihre Zeit verschwenden, wenn Sie weitermachen.

Ob etwas in diesem Leben endgültig ausgeglichen und losgelassen wird, können Sie nicht selbst entscheiden. Aber Sie können alle Türen aufmachen und alle Chancen nutzen.

Der vierte Seelenplan

Ordnung

will erschaffen werden

Alles, was in Ihrem Lebensplan auftaucht,
hat nicht nur einen Sinn.
Es hat auch einen Platz.
Sie folgen Ihrer Seele,
wenn Sie diese Ordnung erkennen
und danach handeln.

»Das alles ist Meditation:
Ihr Haus in vollkommene Ordnung zu bringen,
so dass es keinen Konflikt, kein Messen gibt,
und dann ist in diesem Haus Liebe,
dann kann der Inhalt des Geistes,
der sein Bewusstsein ist,
vollkommen von dem ›Ich‹,
vom ›Ego‹, vom ›Du‹ entleert werden.«

JIDDU KRISHNAMURTI
Indischer Philosoph, Autor und spiritueller Lehrer
* 12. Mai 1895 in Madanapalle, Indien
† 17. Februar 1986 in Ojai, Kalifornien

Erinnern Sie sich doch einmal an einen Zeitpunkt in Ihrem Leben, als Sie eine große Last losgelassen haben oder eine Last von Ihnen genommen worden ist. Was fühlten Sie danach? Wahrscheinlich Erleichterung und Freiheit. Vielleicht hatten Sie das Gefühl, jetzt würde ein neues Leben beginnen. Freude und Glück, Kraft und Zuversicht. Das Gefühl, das Leben könnte nun endlich – nach langem Feststecken – weitergehen. Ein wenig hatten Sie vielleicht auch den Eindruck, Sie könnten die Welt aus den Angeln heben?

Und was war nach den schönen Gefühlen das nächste größere Bedürfnis, das in Ihnen auftauchte? Wahrscheinlich war es das Bedürfnis nach einer »neuen Ordnung«. Vielleicht haben Sie nach einer Trennung von einem Beziehungspartner Ihre Wohnung neu gestaltet und viele Gegenstände aus Ihrer Umgebung entfernt. Eventuell  haben Sie sich auch einige neue Kleider oder Dekorationen angeschafft. Manches haben Sie sicherlich umsortiert. Vielleicht haben Sie Möbel an andere Plätze gestellt, als sie zu Zeiten der Beziehung standen.

Könnten Sie erklären, woher dieser Antrieb, eine neue Ordnung zu schaffen, in Ihnen kam? Ja, Sie wollten sichtbar zeigen, dass ein neuer Abschnitt in Ihrem Leben beginnt. Aber warum? Woher kommt dieser Wunsch genau? Ganz logisch und sachlich gesehen hätten Sie doch alles so lassen können wie bisher und hätten sich damit Zeit, Geld und Arbeit gespart.

Als menschliches Individuum sind Sie immer auch Teil von einem »System« – das wiederum Teil eines größeren Systems ist. In Ihrem gegenwärtigen System sind Sie ein Teil eines Netzes aus Beziehungen, aber auch ein Teil eines Netzes aus Aufgaben und Pflichten. Und letztlich sind Sie mit Ihrem Körper und Ihren Sinneswahrnehmungen Teil eines Netzes aus materiellen Dingen.

Sie können das selbst nachprüfen und nachfühlen. Nehmen Sie beispielsweise Ihre Wohnung. Alle Gegenstände in Ihrer Wohnung oder Ihrem Haus bilden zusammen mit Ihnen als physisch anwesender Körper ein solches System. Einfach ausgedrückt, sind Sie und Ihre Wohnung ein System. Sie und Ihre Freunde sind ein System. Und Sie und Ihre Tätigkeiten sind ein System.

In jedem natürlichen System hat alles einen natürlichen, vorgesehenen Platz. Betrachten Sie die Natur: Ohne den Eingriff unwissender Menschen befindet sich die Natur in einem perfekten Gleichgewicht. Ebenso gibt es für die Systeme, mit denen Sie verbunden sind, ein perfektes Gleichgewicht. Es gibt sozusagen für alles einen ganz genau feststellbaren perfekten Platz.

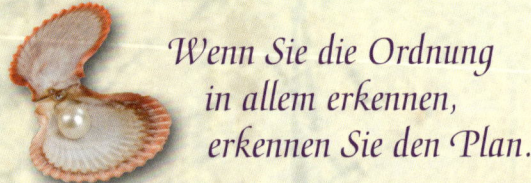

*Wenn Sie die Ordnung
in allem erkennen,
erkennen Sie den Plan.*

Erfahrungsübung: Der perfekte Platz

Sie können das Gesetz der Ordnung für Ihr Leben selbst überprüfen. Nehmen Sie einen Dekorationsgegenstand in Ihrer Wohnung, sagen wir, eine Blumenvase. Technisch gesehen können Sie eine Vase in Ihrer Wohnung an viele Plätze stellen. Auf eine Kommode, auf die Fensterbank, auf den Kühlschrank, auf den Tisch... Es gibt unzählige Möglichkeiten und meist gibt es keinen logisch sachlichen Grund, warum ein Platz deutlich schlechter sein sollte als ein anderer. Und dennoch scheiden viele Plätze spontan aus. Sie spüren sofort, dass die Vase »hier nicht hinpasst«. Warum? Es gibt doch keinen rein sachlichen Grund?

Der wahre Grund ist, dass alle Gegenstände, die Sie in Ihrem Leben haben, eine Verbindung mit Ihnen haben. Sie sind Teil eines Systems, von dem auch Sie ein Teil sind. Sie selbst stehen mit den Gegenständen in einer bestimmten Art von Beziehung.

Es beginnt schon mit der Anwesenheit der Dinge. Nichts ist rein zufällig bei Ihnen, sondern es gab irgendwann einen Grund dafür. Also sind die Dinge mit einem Grund verbunden. Im Fall der Vase haben Sie sie zum Beispiel gekauft oder geschenkt bekommen. Die Anwesenheit hat also mit Ihrer Lebensgeschichte zu tun.

Zweitens kann nicht jeder Gegenstand überall stehen. Etwas in Ihnen lässt das nicht zu. Manche Orte wären für Sie praktisch unerträglich und andere wirken neutral, und wiederum andere fühlen sich richtig an. Also gehört zu den Dingen auch ein Platz im System.

Bei den Plätzen, die sich »ziemlich gut« anfühlen, gibt es wieder Unterschiede, nur sind diese jetzt feiner. Angenommen, Sie finden heraus, dass sich Ihre Vase auf der Kommode im Wohnzimmer gut anfühlt. Ist dann jede Stelle auf der Kommode gleich gut? Rutschen Sie die Vase an verschiedene Plätze, treten Sie zurück und sehen Sie es sich an. Spüren Sie. Ganz eindeutig gibt es passende und unpassende Orte auf der Kommode. Wenn Sie die Vase ein paarmal hin und her gerückt haben, wird sie am Ende an einem Platz stehen, an dem es sich für Sie »harmonisch« anfühlt oder »perfekt«. Unlogisch und unsachlich, kaum erklärbar, aber ganz eindeutig harmonisch.

Und nun fühlen Sie, wie das Experiment ablief: Haben tatsächlich *Sie* den Platz für die Vase *ausgesucht*? Haben Sie es *bestimmt*? Oder hat die Vase ihren Platz selbst gefunden? War es nicht eher so, dass Ihre Hände der Vase geholfen haben, den Ort zu finden, der stimmig war, ganz ohne eine absichtliche Verstandesentscheidung?

Ihr (scheinbar unerklärliches) Gefühl von Harmonie ist ein Echo Ihrer Seele. Sie sucht Ordnung. Ein Teil Ihres Lebensplans besteht darin, Ordnung in das System zu bekommen, damit das System selbst Ihre Seele nicht mehr belastet. Ordnung befreit, das spüren Sie selbst. Wenn um Sie herum eine bestimmte – von Ihnen als stimmig und richtig empfundene – Ordnung herrscht, kostet Sie Ihre Umgebung keine Energie mehr. Nichts in Ihnen muss feststellen und darüber nachdenken, dass dies oder das noch zu tun wäre. Nichts in Ihnen muss immer wieder spüren, dass hier oder dort eine Nicht-Harmonie herrscht. Wenn das System, von dem Sie ein Teil sind, seine natürliche Ordnung eingenommen hat, wird in Ihnen selbst auch eine natürliche Ordnung entstehen und Sie werden von den »Unordnungskräften« frei.

Nach diesem Experiment mit dem Gegenstand in Ihrer Wohnung könnten Ihnen folgende Dinge bewusst geworden sein:

- Es ist durchaus nicht egal, wie es um mich herum aussieht. Es ist unmöglich, auf Dauer eine Disharmonie zu ignorieren, ohne dabei Kraft zu verlieren.

- Ordnung ist nicht nur eine Sache, die mein Kopf macht. Ordnung folgt einem höheren Prinzip, einem Naturgesetz. Ordnung ist ein sogenanntes »Schöpfungsprinzip«. »Alles an seinen Platz« zu stellen ist eine Grundsehnsucht der Seele.

- Meine Innenwelt und meine Außenwelt sind untrennbar miteinander verbunden. Wenn ich meine Innenwelt verändern möchte, muss sich die Außenwelt ebenfalls verändern.

- Jeder Gegenstand wirkt. Wenn meine Seele Freiheit sucht und ich ebenfalls Freiheit und innere Klarheit suche, ist meine Umgebung eine Unterstützung oder ein Hemmnis. Wie würden für mich Ordnung und Freiheit und Klarheit aussehen, wenn sie die Form einer Wohnung annehmen könnten?

Schnee fällt.
Jede Flocke an ihren Platz.

Zen-Spruch

Feng Shui und die Sehnsucht der Seele

Die Lehre von Feng Shui entspringt in ihrem Ursprung genau dieser natürlichen Ordnung. Feng Shui ist der Versuch, die natürlichen, immer vorhandenen Gesetze von Harmonie und Ordnung in ein System zu bringen, das unter möglichst allen Umständen und von jedem darin ausgebildeten Menschen angewendet werden kann. Feng Shui ist natürliche Ordnung, ausgedrückt in nachvollziehbaren Formeln und Gesetzmäßigkeiten.

Wenn Sie selbst fein spüren können, brauchen Sie kein Feng Shui. Wenn Sie in Ihrem Leben jedoch von der Außenwelt stark gefordert sind, ist es manchmal vielleicht zu unruhig in Ihnen, um die verschiedenen Nuancen Ihrer Empfindung wahrnehmen zu können. Dann ist die Kenntnis und der Einsatz von Regeln eine wunderbare Hilfe, um Ordnung zu schaffen.

 ### Praxisübung

Angenommen, in Ihrer Umgebung fühlt sich etwas »nicht in Ordnung« an. Vielleicht ist ein Möbelstück defekt, ein Bild völlig unpassend oder ein Gegenstand hat die falsche Farbe. Sie gehen daran vorbei, und Ihre Seele meldet diesen Störfaktor über das intuitive Gefühl. Sie sendet: »Nicht in Ordnung! Harmonie gestört!«. Dann kommt vielleicht der Verstand und antwortet: »Ja schon, aber nicht jetzt, keine Zeit, keine Kraft ...« Oder: »Es lohnt sich nicht, das in Ordnung zu bringen, weil ...« In diesem Augenblick wirkt folgender Ablauf in Ihnen:

- Sie spüren einen inneren Konflikt zwischen Ihrer Seele und Ihrem Ich. Zwischen intuitiver Wahrnehmung und Verstand.

- Die Seele wird sich niemals von Argumenten des Verstandes ruhigstellen lassen, denn sie existiert nicht in der Welt des Verstandes. Der Verstand kann mit der Seele nicht »verhandeln«. Die Seele wird also im Unterbewusstsein immer weiter melden: »Nicht in Ordnung. Fehler.«

- Dieser ständige innere Konflikt zwischen dem, was Sie tun sollten, und dem, was Sie nicht tun, kostet Sie unablässig einen Teil Ihrer Lebenskraft. Er »bindet« Sie an das ungelöste Problem.

Deshalb ist das Schaffen von Ordnung im Leben ein wichtiger Teil des Weges in die Freiheit.

Praxistipp: Die Leere als Anfang von Ordnung

Wenn Sie überlegen, wie Sie die natürliche Ordnung in Ihrer Wohnumgebung – oder auch nur in einem Schrank – verbessern könnten, können Sie es einmal anders als bisher versuchen. Beginnen Sie mit der Leere. Beginnen Sie nicht damit, jeden einzelnen Gegenstand abzuwägen und zu entscheiden, ob er bleibt oder nicht, und ob er hier oder dort besser wirkt. Wenn Sie mit der Leere beginnen (also zum Beispiel mit einem völlig ausgeräumten Zimmer oder einem geleerten Schrank), findet sich viel leichter eine neue Ordnung. Entscheiden Sie nicht, was bleibt. Entscheiden Sie neu, was kommt. Was am Ende vor der Tür liegt, ist überflüssig für Ihr Leben.

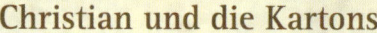

Christian und die Kartons

Bis zum Alter von sechsundzwanzig Jahren klappte Christians Lebensplanung reibungslos. Nach seiner Ausbildung als Industriekaufmann bekam er eine Stelle und fand kurz darauf auch eine Lebensgefährtin. Bis er zweiunddreißig war, verlief wieder alles scheinbar nach Plan. Dann wurde das Unternehmen, in dem Christian arbeitete, verkauft, und er verlor seinen Arbeitsplatz. Kurz darauf verließ ihn seine Frau. Nach einigen Monaten des Suchens bekam Christian eine neue Stelle angeboten, allerdings in einer Stadt, die er noch nie hatte leiden können und die zudem über sechshundert Kilometer von seinem bisherigen Wohnort entfernt lag. Die Arbeit an sich war nicht schlecht, und er nahm sie an, weil er Geld brauchte. Gleichzeitig versprach er sich selbst, dass es nur eine Übergangslösung sein würde. Bei nächster Gelegenheit würde er zurück in seinen Heimatort ziehen.

Christian packte seine Sachen in Umzugskartons und ließ sie in seine neue Wohnung bringen. Am Abend des Umzugstages, nachdem der letzte Möbelpacker verschwunden war, stand er alleine in seinem neuen Wohnzimmer, zwischen verpackten Möbeln und Kartons.

Das hier ist also mein Leben, dachte er, während er seinen Blick durch den vollgestopften Raum schweifen ließ. Er sah zum Fenster hinaus und stellte fest, dass ihm das Haus gegenüber nicht gefiel. Überhaupt gefiel ihm die ganze Stadt nicht. Und auch die neue Stelle war irgendwie nicht das, was er sich gewünscht hatte. Nichts an alldem hier war richtig. In diesem Moment gab sich Christian selbst ein Versprechen: Es ist nur ein Übergang, hier bleibe ich nicht. Zwei, drei Monate vielleicht. Ich werde meine ganze Kraft darauf verwenden, möglichst bald von hier wegzukommen.

Er schob die Kartons mit unwichtigem Inhalt in eine Ecke des Zimmers, rückte ein paar Möbel zurecht und während er dies tat, entschied er sich, dass er als sichtbares Zeichen seines Entschlusses die Wohnung nur notdürftig einrichten würde. Auf keinen Fall sollte es sich zu gemütlich anfühlen. Die Umzugskartons würden ihn daran erinnern, dass er nur auf der Durchreise war.

Wie erwartet war der neue Arbeitsplatz sehr fordernd, und weil es praktisch kaum Freizeit gab, hatte Christian wenig Zeit, nach einer neuen Stelle zu suchen. Nach acht Monaten standen die Umzugskartons noch immer genau so in der Ecke, wie er sie am ersten Abend gestapelt hatte. Inzwischen hatte er sich so sehr daran gewöhnt, dass er es gar nicht mehr als störend empfand. Gelegentlich dachte er: Ich sollte das mal aufräumen. Und immer kam eine andere Stimme, die sagte: Das lohnt sich nicht, du gehst sowieso bald wieder zurück nach Hause.

Jedes Mal, wenn er von der Arbeit nach Hause kam, zeigte ihm seine Wohnung, dass er eigentlich gar nicht hier sein sollte. Das fand er gut. Mit diesem Gefühl, nur ein Gast zu sein, ging er auch in seine Arbeit. Mit dem Gedanken, dass er ein Fremder in dieser Stadt war, der bald wieder zu Hause sein würde, begegnete er den Menschen. Er schloss weder nähere Freundschaften noch konnte er eine Liebesbeziehung eingehen. Das fand er gut, denn er hätte sie ohnehin wieder verloren, wenn er nach Hause gehen würde. Bald.

Nach fast zwei Jahren lebte Christian noch immer in einer Wohnung mit nackten Glühbirnen an der Decke, über zwanzig unausgepackten Kartons in Wohn- und Schlafzimmer, ohne ein Bild an der Wand, ohne eine Blume auf dem Tisch, ohne ein Buch im Regal.

Christian ging es psychisch immer schlechter. Er fühlte sich einsam und fragte sich immer häufiger nach dem Sinn seines Lebens. Den Grund für diese unschönen Gefühle glaubte er zu wissen: Er war am falschen Ort. Er wollte nach Hause. Wenn er wieder zu Hause wäre, würden auch die guten Gefühle zurückkommen. Ein Teil von ihm ahnte, dass dann vielleicht auch Erinnerungen an seine frühere Partnerin zurückkämen, aber diese Gedanken schob er von sich.

Was immer er auch tat und wie sehr er sich auch bemühte – Christian bekam keine Stelle in seinem Heimatort. Es war, als würde es umso schwerer werden, je mehr er versuchte, aus der ungeliebten Stadt wegzukommen. Als würde eine unsichtbare Kraft gegen ihn arbeiten.

Seine zunehmende Unzufriedenheit und Hoffungslosigkeit waren inzwischen so deutlich sichtbar, dass ihn Kollegen und Bekannte immer häufiger darauf ansprachen, ob es ihm gut ginge.

»Ja, alles prima«, antwortete Christian fast schon automatisch und setzte ein Lächeln auf. Gar nichts ist hier prima, dachte er gleichzeitig.

Eines Tages schlug ein Mitarbeiter aus Christians Abteilung vor, ihn besuchen zu kommen. Christian war so überrumpelt, dass er zustimmte. Erst als er in seiner Wohnung stand, fiel ihm auf, dass es aussah, als wäre er gerade erst eingezogen. So eine Unordnung! Was würde der andere von ihm denken? Was, wenn es sich in der Firma herumsprechen würde? Er versuchte, den Kollegen zu erreichen, um das Treffen abzusagen, aber es war bereits zu spät. Kurz darauf stand sein Gast vor der Tür.

Der Abend verlief anders als erwartet. Christian hatte sich auf unangenehme Fragen gefasst gemacht, aber sein Kollege ließ sich nichts anmerken. Stattdessen erzählte er Christian seine eigene Geschichte. Auch er war als Fremder in diese Stadt gekommen und hatte mehrere Monate in einer Pension aus dem Koffer gelebt. Und je länger der Schwebezustand angedauert hatte, umso schlechter war es ihm gegangen. Erst nachdem er sich entschlossen hatte zu bleiben und sich eine Wohnung einrichtete, verschwand die Anspannung. Inzwischen war das vier Jahre her und er hatte Freunde und eine Lebensgefährtin in dieser Stadt gefunden.

»Ich habe gekämpft«, sagte der Kollege zu Christian. »Erst als ich erkannt hatte, dass es verrückt ist, gegen die Umstände meines eigenen Lebens anzukämpfen, ging es mir besser. Und erst nachdem es mir besser ging, ging es auch im Beruf besser. Und dann kam meine jetzige Frau und mit ihr kamen neue Freunde in mein Leben.«

Als sein Kollege gegangen war, sah Christian auf die leeren Biergläser, die einmal Senfgläser gewesen waren. Die guten Gläser lagen noch verpackt in einem der Kartons. Christian wurde klar, dass er eine Wahl treffen musste. Entweder er würde endlich prüfen, ob wirklich alles besser werden würde, wenn er nach Hause zurückfuhr. Oder er würde endlich akzeptieren, dass sein Leben ihn hierher verschlagen hatte, würde diese Entscheidung annehmen und es sich so schön wie möglich machen.

Christian begann noch in dieser Nacht damit, seine Wohnung aufzuräumen. In den folgenden Wochen arbeitete er jeden Abend daran, kaufte Dekoration und Möbel und warf alte Dinge weg. Dabei erlebte er, wie jeden Tag mehr von seiner alten Lebensfreude zurückkam. Nur wenige Wochen nachdem Christian seine Wohnung fertig aufgeräumt hatte, begann sein Leben wieder zu fließen. Er lernte eine Frau kennen und traute sich, sie in sein neues Heim einzuladen. Heute lebt er mit ihr und ihrem gemeinsamen Sohn in einer größeren Wohnung. In genau der Stadt, in der er nie hatte wohnen wollen. Und dennoch ist Christian glücklich.

> Wenn Sie die Kräfte, die nach Ordnung rufen, unterdrücken, behindern Sie Ihren Lebensweg. Ihre Umgebung ist ein untrennbarer Teil und Spiegel von Ihnen.

Das Gesetz der Ordnung bei Entscheidungen

Wenn tatsächlich alles einer großen natürlichen Ordnung folgt, müsste sich dieses Gesetz dann nicht auch in wesentlichen Lebensentscheidungen widerspiegeln? Dann müsste es Entscheidungen geben, die »in Ordnung« sind und solche, die sich letztlich als »nicht in Ordnung« herausstellen.

»Mein erster Impuls war genau richtig. Hätte ich nur darauf gehört.« Kennen Sie das? Ihre Seele kennt die richtige Ordnung in allen Handlungen, weil sie »das große Bild« sehen bzw. fühlen kann. Sie möchte Sie führen und sendet Ihnen die Signale in Form der Gefühle von »stimmig« und »nicht stimmig«.

Im praktischen Leben haben Sie vielleicht ein Problem und manchmal sofort eine spontane Idee, was Sie tun könnten, um es zu lösen. Erinnern Sie sich an das Experiment zum freien Willen? Der Impuls ist zuerst da, dann erst kommt der Verstand. Der Verstand wägt also ab, ob dieser Impuls auch wirklich zur Lösung führt; und falls man das nicht sicher sagen kann, legt er sein Veto ein. Dann beginnen die Überlegungen und Erwägungen. Ist eher dies besser oder eher das? Wo sind die Vorteile? Wo liegen die Nachteile? Möglicherweise führen diese Überlegungen letztlich nicht zu dem Ende, das sich wirklich richtig anfühlt. Alles scheint gleich gut oder gleich unsicher zu sein. Statt Klarheit haben Sie nun Unsicherheit.

Wie bei dem Beispiel mit der Vase spüren Sie die richtige Antwort auf Ihr Problem spontan. Sie spüren den richtigen Platz. Und dann beginnt der Verstand, diese Antwort hin und her zu rücken. Aber es findet sich kein besserer Ort. Vielleicht kommen Sie nach vielen Überlegungen wieder zu Ihrem ersten Impuls zurück und handeln danach. Wenn nicht, machen Sie vielleicht etwas, das sich später wie ein Fehler anfühlt: eine Entscheidung, die einen falschen Platz in der großen Ordnung hat.

Ordnung in Beziehungen

Sehen Sie sich Ihre Bekanntschaften an, Ihre Freundschaften, Ihre Liebesbeziehungen oder Ihre Familienbeziehungen. Das ist ein Teil von Ihnen, weil Sie ein Teil dieses Netzwerks sind, ganz gleich, ob Sie das gut finden oder nicht. Ihre Beziehungen zu anderen Menschen haben Auswirkungen auf Sie und Ihr Leben.

Vielleicht kennen Sie das: Wenn mit einem Menschen eine Unstimmigkeit herrscht, eine unausgesprochene Sache zwischen Ihnen steht, eine Situation geklärt werden sollte, aber nicht geklärt wird... Wie fühlt sich das an? Vielleicht ähnlich wie mit der Vase, nur viel schlimmer. Es ist ja auch nicht egal, ob die Vase in der äußersten Ecke der Kommode und dicht an der Wand steht, oder ob sie irgendwo in der Mitte einen Ort des Gleichgewichts gefunden hat.

Nun ist der Standort einer Vase eine Sache, die Sie einfach verändern können. Aber ein Mensch, der sich in »Unordnung« mit Ihnen befindet, ist eine Herausforderung. Das belastet um ein Vielfaches stärker als jeder Gegenstand. Wie lange drehen sich die grübelnden Gedanken immer wieder um diesen Menschen und um Ihre Beziehung zu ihm? Praktisch ständig, außer in den

Phasen, in denen Sie eine noch stärkere Ablenkung für Ihren Geist erschaffen. Aber sobald es stiller wird, kommt das Beziehungsthema wieder hoch.

Der Grund dafür ist der Plan der Seele.

Sie als Mensch erleben Ihre Beziehungen
mit den Menschen, die Ihnen begegnen.
In diesem Leben.
Ihre Seele erlebt ihre Beziehungen
mit den Seelen, die ihr begegnen.
Über alle Leben.

Erfahrungsübung: Der Plan der Ordnung in Beziehungen

Ähnlich wie bei dem Beispiel mit der Vase wirken auch Ihre verschiedenen Beziehungen auf Sie. Die folgende Vorstellungs- und Spürübung kann Ihnen helfen, in manchen Beziehungssituationen mehr Klarheit zu gewinnen.

Stellen Sie sich vor – angelehnt an das Beispiel mit Ihrer Einrichtung –, Sie hätten überhaupt keine Beziehung. Ihr Leben wäre sozusagen ein leerer Raum und jetzt könnten Sie ganz neu spüren und entscheiden, was oder wen Sie in dieses Leben aufnehmen und an welcher Stelle eine Person sich »richtig« anfühlt.

- Wen würden Sie ganz sicher hineinstellen?
- Mit wem müsste zuerst noch etwas zurechtgerückt werden?
- Wer bleibt draußen, weil er einfach nicht (mehr) in Ihr Leben und in Ihre neue Ordnung passt?

INNENWELT UND AUSSENWELT – WIE BRINGT MAN EINE BEZIEHUNG »IN ORDNUNG«?

Für uns als Menschen gibt es viele Gründe, um eine Beziehung zu pflegen. Wir sehnen uns nach Liebe und Nähe, nach Reibung und Lebendigkeit. Nach Sicherheit, nach körperlicher Berührung, nach Kommunikation, nach gemeinsamen Unternehmungen...

Für die Seele hingegen hat eine Beziehung zu einem anderen Menschen nur zwei Gründe: Wachstum und/oder Ausgleich. Wenn Sie in Sachen »Beziehungen ordnen« dem Plan Ihrer Seele klarer folgen möchten, gibt es eine hilfreiche Grunderkenntnis: Es gibt Beziehungen, bei denen Sie in der Außenwelt etwas in Ordnung bringen müssen. Und es gibt solche, bei denen allein in Ihrer Innenwelt etwas in Ordnung gebracht werden muss.

Beziehungsordnung in der Außenwelt

Es kann sein, dass Ihre Seele mit der Seele eines anderen Menschen etwas in Ordnung bringen möchte. Weil sich für Ihre Seele die Aneinanderreihung vieler Leben wie ein einziges langes Leben anfühlt (sie hat keinen Maßstab für Zeit und Raum), weiß sie nicht, dass Sie als Mensch hier und jetzt das nicht verstehen. Ihre Seele kann nicht nachvollziehen, dass Ihr Körper und Ihr Verstand dem Körper und dem Verstand eines anderen Menschen begegnen, ohne sich zu erinnern, dass die Seelen sich doch kennen. Für die Seele ist es einfach eine Fortsetzung einer früheren Begegnung. Als ob Sie nach einiger Zeit einen guten Freund wiedertreffen. Ihre Seele ist sozusagen der Langzeitspeicher aller Begegnungen, die jemals zu anderen Seelen stattgefunden haben.

Ihr Verstand hat diesen Speicher nicht und ihm ist auch der Zugang dazu (außer in sehr seltenen Ausnahmefällen) verwehrt. Deshalb kann es sein, dass sich eine Begegnung mit einem anderen Menschen überaus vertraut anfühlt, ohne dass Ihr Verstand dafür Gründe finden kann. Sie spüren dann das Echo früherer Beziehungen zwischen Ihrer Seele und der Seele des anderen.

Diese Echos sorgen dafür, dass Sie und der andere sich in diesem Leben anziehen und finden. Und sie sorgen dafür, dass zwischen Ihnen etwas geschieht. Was immer geschieht, hat seinen Anfang nicht im Hier und Jetzt. Es ist in den meisten Fällen – wenn eine Beziehung Sie berührt – eine Fortsetzungsgeschichte. Ihre Seele möchte diese Geschichte zu einem Ende bringen. Sie will, dass die Spannungen – welcher Art auch immer sie sein mögen – sich auflösen. Deshalb gleichen Sie bei bestimmten Menschen etwas aus, obwohl es ganz rational betrachtet keinen Grund für Ausgleich gibt.

Wenn Sie um das System wissen, können Sie es geschehen lassen. Sie erkennen, was gerade stattfindet, und lassen es so lange zu, bis Sie spüren, dass es vollbracht ist. Wie Sie das spüren können, haben Sie in dem Kapitel über das Loslassen von Lasten erfahren.

 **Praxistipp:**
Beziehungsordnung in der Außenwelt

- Finden Sie heraus, was zwischen Ihnen und dem anderen Menschen stattfindet. Alles ist gut und alles ist richtig. Es geht nur darum zu erkennen, was es ist, das Sie verbindet.

- Wenn Sie eine Beziehung weiterführen möchten, pflegen Sie das, was Sie verbindet und versuchen Sie weniger, das zu verändern, das Sie trennt. Wenn Sie die Verbindung zum anderen anstatt seine Veränderung suchen, können alle durchatmen und es werden sich genau die Kanäle zusammenfinden, welche die Beziehung bereichern.

- Halten Sie nichts künstlich am Leben, was sich lösen will. Suchen Sie lieber nach neuen Verbindungskanälen, die vielleicht noch nicht gelebt wurden. Beziehung ist ein Tanz, keine Statue. Sie ist immer in Bewegung.

- Pflegen Sie auf Dauer keine Beziehungen weiter, bei denen es Ihnen nach jeder Begegnung deutlich schlechter geht als vor der Begegnung. Wenn Sie sich energetisch ausgesaugt fühlen, findet nicht einmal ein Handlungsausgleich statt (denn der fühlt sich »stimmig« an). Der Energieverlust ist ein Hinweis der Seele auf unpassende Handlungen.

- Koppeln Sie Ihre Gefühle von den Gefühlen Ihrer Beziehungspartner ab, indem Sie erkennen, dass die Gefühlswelt eines
  Vorgesetzten oder Kollegen oder anderer, eigentlich fremder
  Menschen deren persönliche Angelegenheit ist. Lassen Sie,
  falls es sich schlecht anfühlt, nicht zu, dass Sach- und Ar-
  beitsbeziehungen als Familien- oder Partnerersatz genutzt
  werden. Das ist nicht deren natürlicher Platz.

- Üben Sie sich darin, sehr schwierige Beziehungen innerlich
  loszulassen. Sie müssen diese nicht hinbekommen, indem Sie
  sich unterwerfen und immer wieder alleine alles im Lot halten. Das ist keine Leistung, die Ihre Seele glücklich macht.

Beziehungsordnung in der Innenwelt

Manchmal geht es beim Ordnen Ihrer Beziehungswelt allein darum, dass Sie eine bestimmte Erkenntnis über sich selbst, über
den anderen Menschen oder über Ihre gemeinsame Beziehung
gewinnen. Dann ist es erledigt und Sie werden sich frei fühlen.
Sie müssen nichts ausgleichen, sie sollen nur etwas erkennen.
Das war der Sinn der Begegnung und damit wachsen Sie und
vielleicht auch der andere.

Eine Beziehung wird sich für Sie dann in Ordnung anfühlen,
wenn sie an dem Platz ist, an den sie gehört. Falls sich das nicht
von selbst ergibt und Sie Ordnung schaffen möchten, liegt Ihre
Aufgabe darin herauszufinden, wo genau der Platz für diese Beziehung ist.

»In Ordnung bringen« bedeutet nicht »lieb sein«. Es bedeutet »Klarheit haben«. Es bedeutet, die Wahrheit zu sehen und anzunehmen, dass es genau so ist, wie es ist.

Beispiele für »ordnende Erkenntnisse«

- Ich liebe meinen Vater nicht und wir sehen uns nur wenig, und das ist die ganze Wahrheit. An diesem Platz steht er und ich habe nicht das Gefühl, dass der Platz falsch wäre oder einer von uns beiden etwas daran verändern müsste.

- Ich liebe meinen Vater über alles, obwohl er sich in meiner Kindheit nicht wie ein lieber Vater verhalten hat. Eigentlich sollte ich ihn hassen, aber ich verstehe ihn und deshalb kann ich ihn nicht hassen. Für mich ist das völlig in Ordnung.

- Ich liebe diese Frau/diesen Mann, obwohl sie/er all diese seltsamen Dinge sagt und tut. Und obwohl es nicht immer nur lustig ist mit uns. Aber ich liebe sie/ihn, und das ist die Wahrheit. Deshalb kämpfe ich nicht mehr gegen die Beziehung an, die wir haben.

- Wenn ich ehrlich bin, bin ich einsam. Ich habe Kollegen in der Arbeit und ich habe Bekannte und ich habe ein oder zwei etwas vertrautere Menschen, die ich als Freunde ansehe. Aber die Wahrheit ist, dass ich alleine bin. Früher habe ich versucht, das zu ändern. Ich habe versucht, anders zu sein. Heute weiß ich, dass es eben – zumindest bis jetzt gerade – genau so ist. Es ist in Ordnung, so sind meine Beziehungen eben.

- Er ist mein Vater, aber nur biologisch. Das ist einfach der Platz, der sich immer wiederfindet, und ich nehme es voll und ganz an.

- Dieser Mensch ist mein Chef, aber nicht mein Vater. Und ich bin Mitarbeiter und nicht das Kind. Ich brauche weder sein Lob noch bin ich abhängig von seinem Tadel. Schön, wenn er sich freut. Schade, wenn er sich ärgert. Aber das ist sein Leben, nicht meines.

- Meine Mutter wird immer meine Mutter sein, aber ich bin nicht mehr das kleine Mädchen. Ich muss nicht folgen und mich nicht unterordnen.

- Mein Mann ist nicht mein Chef und er ist nicht mein Vater. Er ist der Mann an meiner Seite und ich bin die Frau an seiner Seite. Ich muss ihm weder folgen noch muss ich es ihm recht machen. Aber wenn ich etwas Gutes für ihn tun will, darf ich das.

Innenwelt und Außenwelt in Kombination

Manche Beziehungen kommen nur dann in eine neue Ordnung, wenn Sie in sich selbst etwas erkennen und danach klar und kraftvoll handeln. Manchmal weigert man sich, eine Erkenntnis in sich selbst anzusehen und handelt stattdessen verstärkt im äußeren Leben. Doch dieses Handeln fühlt sich eher an wie eine Rechtfertigung vor sich selbst und/oder anderen, oder wie ein Selbstbetrug. Es macht nicht wirklich frei. Es ist kein Erfolg. Der

Grund ist, dass die Reihenfolge nicht stimmt. Erst kommt die Erfahrung, also das Erleben der Situation. Dann kommt die Erkenntnis. Dann kommt ein Entschluss. Und dann kommt das Handeln. Erkenntnis, Entschluss und Handeln können manchmal so blitzartig aufeinanderfolgen, dass es wie ein einziger Impuls wirkt. Dennoch geschehen sie in genau dieser Reihenfolge.

Die Hoffnung, dass man es umgehen könnte, die Wahrheit zu sehen, funktioniert nicht. Ebenso wenig funktioniert die Hoffnung, eine Erkenntnis alleine würde genügen, um eine Beziehung zu verändern. Es muss auch gehandelt werden.

Der fünfte Seelenplan

Neues

will entstehen

Es gibt eine Kraft,
die nicht in Ihnen wirkt,
sondern durch Sie
hindurch wirken will.
Wenn Sie den Kanal
freimachen, erfüllen Sie
eine große Seelensehnsucht.

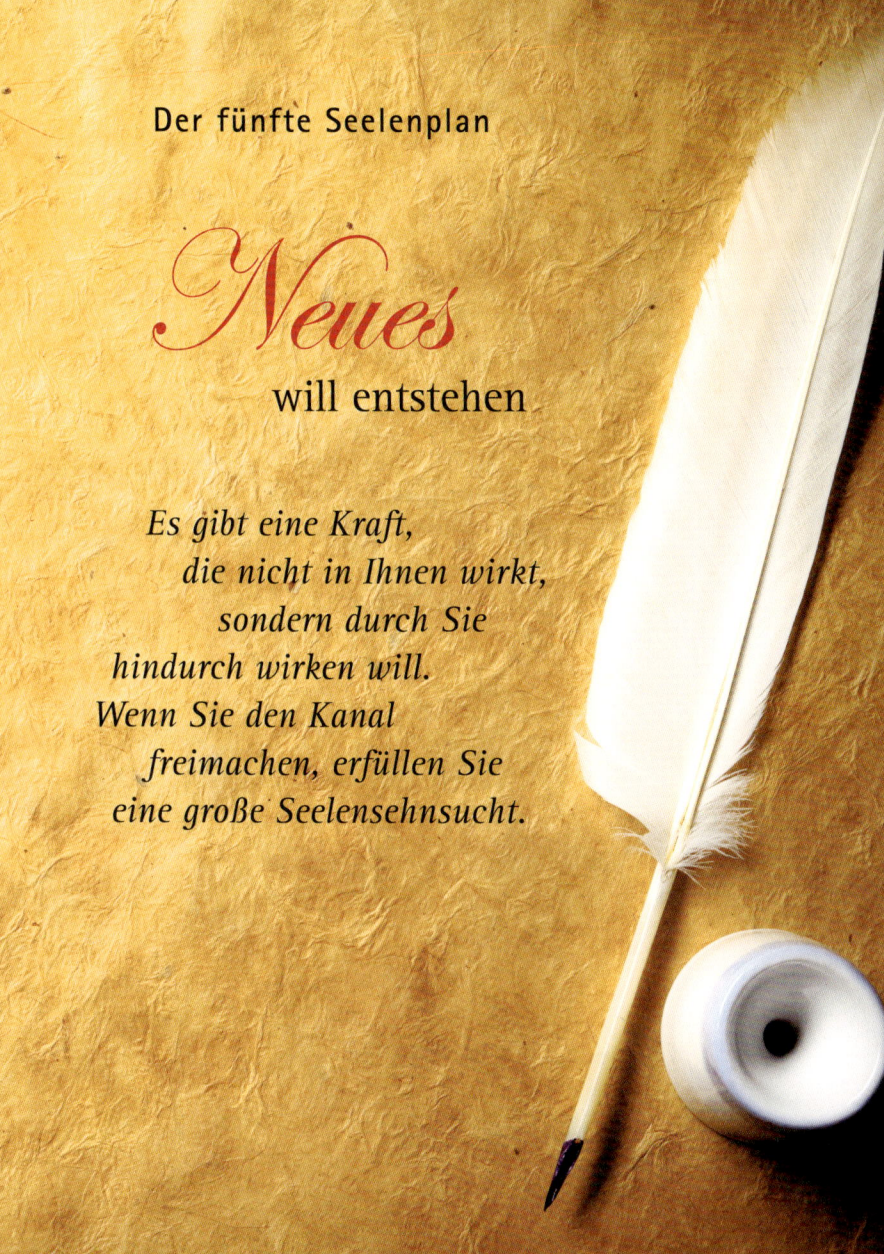

»Erzeugen und nicht besitzen.
Wirken und nicht erhalten.
Nehmen und nicht beherrschen,
das ist das Geheimnis des Lebens.«

LAO-TSE
Chinesischer Philosoph und Begründer des Taoismus
6. Jahrhundert v. Chr.

Ethans letzter Buchstabe

*D*ie meisten Menschen, die Ethan zum ersten Mal auf der Straße begegneten, hätten ihn wahrscheinlich als das eingestuft, was man einen »wilden Kerl« nennt. Ein schlanker, hochgewachsener Enddreißiger mit wallender Mähne, im Nacken zu einem Zopf zusammengebunden. Dunkel blitzende Augen und ein Bart, der an den legendären Mongolenführer Dschingis Khan erinnerte. Nie sah man Ethan ohne seine betagte Jeansweste mit dem Logo einer Rockgruppe auf dem Rücken. Nur wenn es im Hochsommer wirklich warm war, trug Ethan ein schwarzes T-Shirt, und man konnte auf seinen Unterarmen zwei farbenprächtige Tätowierungen mit den Zeichen weiterer Musikbands bewundern.

Falls Ethan einmal etwas sagte – was eher selten vorkam –, begann er meist mit dem Grußwort »Howdy«. Ethan war Amerikaner. Er lebte seit fünfzehn Jahren mit seiner deutschen Frau Susanne und seinen zwei Töchtern, Amy und Janine, im Vorort einer großen deutschen Stadt. Seit vielen Jahren arbeitete Ethan als Programmierer. Jeden Tag und bei jedem Wetter fuhr er mit seinem Fahrrad über vierzig Kilometer zu seiner Arbeit und am Abend dieselbe Strecke wieder zurück. Seit elf Jahren.

Wenn ihn Bekannte fragten, warum er nach Deutschland ausgewandert war, antwortete er: »Weil ich Rad fahren will und dort wo ich herkomme, ist kein Land für Radfahrer.« Weil Ethan wenig redete und seltsam aussah, hielten viele ihn für einen seltsamen Menschen. Doch wenn man ihn näher kannte, stellte man schnell fest, dass er kein wirklich wilder Kerl war, sondern ein überaus stiller, in sich gekehrter Mensch. Wenn man sich mit Ethan über das schöne Wetter freuen wollte, antwortete er, dass er Sonne nicht mochte und an diesen Tagen lieber im Keller an seinem Computer arbeitete. Ethans Kinder und seine Frau hingegen wirkten wie eine Art charakterliches Gegenteil zu ihm: Aufgeschlossen, lebendig und nach außen hin orientiert.

Das Haus, in dem Ethan mit seiner Familie wohnte, war klein. Sie hatten nie ein größeres in Erwägung gezogen, weil Susanne es von ihren Eltern geerbt hatte und es »in Ehren halten« wollte. Genau genommen hatte das Haus nur fünf kleine Zimmer. Das größte lag unter dem Dach und wurde von Susannes Mutter bewohnt. Zwei weitere Zimmer gehörten den Mädchen, die beiden verbleibenden waren das Elternschlafzimmer und das Wohnzimmer. Für Ethan blieb der Keller.

Ethan war ein wirklich ruhiger Mensch. Fast hätte man daran zweifeln können, dass in ihm überhaupt Gefühle oder Emotionen vorhanden waren, gäbe es da nicht seine Vergangenheit. »Ich war bei der Marine«, erzählte Ethan manchmal, wenn jemand sich wirklich für ihn zu interessieren schien. »Das war sehr schön. Ich hatte viele Freunde, wir hatten viel Spaß und bereisten die ganze Welt.« Wenn er davon erzählte, richtete sich sein Körper auf und die Augen begannen zu leuchten.

Eines Abends stand ein Notarztwagen vor Ethans Haus und die Nachbarn konnten beobachten, wie Ethan auf einer Trage in den Wagen bugsiert wurde. Dann sah ihn lange niemand mehr.

Nach einigen Wochen kam Ethan wieder nach Hause, aber er war anders als früher. Es gab kein Howdy mehr und wenn man ihn nach dem Wetter fragte oder danach, wie es ihm ging, antwortete er immer nur mit einem Satz: »Ich weiß nicht.«

So vergingen einige Monate und es wurde wieder Sommer. Die Schulferien kamen und zum ersten Mal seit dem besonderen Vorfall verreiste die Familie wieder in den Urlaub. Nur Ethan blieb zu Hause. Allein.

Seine Nachbarn, die sich so ihre Gedanken gemacht hatten, bekamen irgendwann das Gefühl, nach Ethan sehen zu müssen. Sie klingelten und luden ihn zum abendlichen Grillen ein. Nach einigem Zögern nahm Ethan die Einladung an und bald darauf saß er bei ihnen am Tisch.

Weil diese Menschen ehrliches Mitgefühl und Interesse an seiner Lage hatten, dauerte es nicht lange und Ethan begann zu sprechen. Noch nie hatten sie ihn so lange reden gehört wie an diesem Abend. Es war, als wollte seine ganze Lebensgeschichte aus ihm herausprudeln, um ihm endlich Erleichterung zu verschaffen.

»Ihr habt immer gefragt, wie es mir geht und ich habe gesagt: Ich weiß nicht. Das ist bestimmt komisch für euch, aber man hat mir gesagt, ich soll so antworten. Denn ich bin krank.« Er hielt inne und beobachtete die Reaktion seiner beiden Nachbarn. Als er bei ihnen noch immer Aufmerksamkeit und ehrliches Interesse feststellte, fuhr er fort. »Ich habe versucht, mein Leben zu beenden, deshalb kam der Arzt und ich war lange weg.« Wieder beobachtete er die Reaktion und was er bemerkte, weckte offenbar sein Vertrauen.

»Ich habe keinen Platz für mich und ich habe keine Zeit für mich. Weißt du, wie das ist, wenn jeder immer etwas von dir will? Immer, zu jeder Zeit da sein zu müssen? Eine Schwiegermutter in unserem Haus – immer fragt sie und immer weiß sie alles besser. Ich weiß gar nicht, warum sie dauernd fragt. Und meine Frau, sie ist wie ihre Mutter. Sie fragt auch dauernd. Immer wieder dieselben Fragen. Warum ich dies so mache und nicht anders und wann ich endlich das erledige. Niemals habe ich Ruhe, nur wenn ich Fahrrad fahre. Darum fahre ich immer Fahrrad, wenn es geht.« Seine dunklen Augen starrten leer auf den Tisch. »Am liebsten bin ich auf der Toilette. Die Toilette ist mein einziger ruhiger Raum. Ich verschließe die Tür und dann weiß ich, dass dies die Zeit für mich alleine ist. Ich habe immer einen Band eines großen Lexikons dort liegen. Es sind vierundzwanzig Bände und ich lese darin seit vielen Jahren. Ich lese alles, jeden Buchstaben, jedes Wort. Jede Seite. Ich bin gerade beim M, das ist schon über die Hälfte.

Meine Familie will, dass ich mit ihnen in den Urlaub fahre. Jedes Jahr, immer an denselben Ort. Immer zur gleichen Zeit, auf denselben Campingplatz. Es kommen auch immer dieselben Menschen dorthin. Meine Frau mag das. Meine Töchter auch, glaube ich. Aber ich mag das nicht. Sie sind mir fremd, diese Menschen auf dem Campingplatz, die jedes Jahr an denselben Ort kommen und die gleichen Dinge tun. Ich kann nicht lachen, worüber sie lachen und es langweilt mich, was sie sich erzählen. Dann lese ich schon lieber im Lexikon, da steht wenigstens etwas Neues drin.«

Er machte eine lange Pause und seine Nachbarn fragten sich gerade, ob er noch weitersprechen würde, als er fortfuhr. »Dieser Psychiater, zu dem sie mich schicken... Den mag ich auch nicht. Ich muss auf einer Liege liegen und gegen eine graue Wand starren. Seit vier Monaten starre ich jede Woche zweimal eine Stunde lang auf diese Wand und er sitzt einfach nur daneben und wartet, was ich sagen werde. Ich habe nichts gesagt, am Anfang. Ich bin drei Wochen hingegangen, habe gegen diese Wand gestarrt und nichts gesagt. Irgendwann hat er mich gefragt, ob mich etwas nervt. Oder ob ich Fragen hätte. Ich habe ihm gesagt, dass ich mich seit drei Wochen frage, womit er eigentlich sein Geld verdient, wenn er mich nur gegen eine Wand schauen lässt, statt mir zu helfen. Und ich fragte ihn, warum er immer so unglaublich hässlich angezogen ist. Warum er keinen Funken Geschmack hat, wo ihn doch jeden Tag viele Menschen ansehen müssen. Ich habe ihn gefragt, warum er das macht.

Er hat mir erst keine Antwort gegeben. Dann habe ich ihn gefragt, warum er überhaupt meine Fragen hören möchte, wenn er dann doch nicht darauf antwortet. Er sagte, nicht er sei der Patient, sondern ich. Er würde die Fragen stellen. Er sagte, dass ich sehr krank sei und dass er mir nur helfen könnte, wenn ich genau das tue, was er mir sagt. Also habe ich wieder gegen die graue Wand gestarrt und nichts mehr gesagt.

Sie haben auch meine Frau geholt und meine Töchter. Sie sagen, es sei wichtig, dass sie auch an der Therapie teilnehmen. Ich habe meine Frau gefragt, ob sie in ihrer Therapie auch gegen eine Wand starren muss. Susanne sagte, dass sie das nicht müss-

te, weil sie nicht krank sei. Sie sei kein Patient. Man würde sie darin ausbilden, wie sie am besten mit mir und meiner Krankheit umgehen soll.

Weißt du, was Susannes Vater passiert ist? Ihr Vater war Beamter in einer Behörde beim Zoll. Er musste den ganzen Tag irgendwelche Papiere prüfen. Sein Leben lang! Und sein Leben lang träumte er davon, was er tun würde, wenn man ihn pensioniert. Er wollte reisen. Die ganze Welt wollte er sehen. So wie ich. Das fällt mir gerade auf. Auf jeden Fall hoffte er darauf, dass man ihn früher in Pension schicken würde, damit er noch etwas Zeit zum Reisen hätte, aber die Lage sah nicht danach aus. Susannes Vater hatte auch zwei Töchter. Immer wenn er verreisen wollte oder wenn er etwas Neues unternehmen wollte, wurde er von Susannes Mutter an seine Pflichten erinnert. So wie sie es nun mit mir machen. Fällt mir auch gerade auf.

Auf jeden Fall bekam Susannes Vater mit vierzig Krebs und sie haben ihn früher pensioniert. Das hatte er immer gewollt, aber nicht so, denn mit seiner Krankheit konnte er nicht verreisen. Aber er gab seinen Traum nicht ganz auf und eröffnete das erste Reisebüro im Ort. Kennt ihr das am Bahnhof? Das war seines. Es lief sehr gut an, weil Susannes Vater ein netter Mensch war. Aber nach zwei Jahren konnte er nicht weitermachen, weil er starb. Susannes Mutter sagte, er hätte sich aus dem Staub gemacht, weil er die Verantwortung nicht tragen wollte. Susannes Mutter wohnt bei uns unter dem Dach und jetzt sagt sie dasselbe über mich. Nicht direkt, aber meine Kinder haben es mir erzählt. Sie sagt, ich wollte die Verantwortung nicht tragen. Susanne *denkt das auch. Aber es stimmt nicht. Ich liebe meine Töchter. Und Susanne auch. Ich will nur nicht immer das Gleiche machen, das kann ich nicht ertragen. Ich will etwas erleben. Aber Susanne will immer das Gleiche machen und sie sagt, ich hätte eine Entscheidung für die Familie getroffen und dazu müsse man stehen.*

Ich weiß nicht, was richtig ist. Ich habe gehofft, dieser Psychiater würde mir sagen, was richtig ist, aber er sagt nie etwas, das ich brauchen kann. Wenn ich alles nochmal machen könnte, wäre ich vielleicht bei der Marine geblieben.« Bei dem Wort »Marine« begannen seine Augen zu leuchten. Es war, als würde das ganze aus seinem Körper entwichene Leben zurückkehren. »Die Marine war das Beste in meinem Leben. Ich war Programmierer auf einem großen Schiff. Wir hatten so viel Spaß, die Jungs und ich. Andauernd waren wir woanders. Wir haben fast die halbe Welt gesehen. Da hatte ich wirklich Freunde. Hier habe ich keine Freunde. Ich wollte nie so leben wie jetzt. Vielleicht hätte ich nach der Marine besser Reiseleiter studieren sollen, wenn man das studieren kann. Oder so etwas Ähnliches. Auf jeden Fall hätte ich was machen sollen, wo man etwas erlebt. Aber jetzt ist es zu spät.«

Nachdem Ethan geendet hatte, erloschen die Funken in seinen Augen wieder und man hatte den Eindruck, derjenige, der gerade die Geschichte erzählt hatte, würde sich aus dem Körper zurückziehen und die leere Hülle wieder sich selbst überlassen.

Ethan war noch weitere achtzehn Monate in Behandlung. Ohne Erfolg, wie er selbst sagte. Er wurde wieder als arbeitsfähig beurteilt und bekam seine alte Stelle als Programmierer zurück. Nach weiteren neun Monaten kündigte er. Er sagte seiner Familie, dass er sich noch einige Dinge auf dieser Welt ansehen wollte und dass er es allein tun müsste. Seine Frau drohte, sich scheiden zu lassen und Ethan sagte, dass er das verstehen würde.

Amy, Ethans ältere Tochter, war inzwischen vierzehn. »Papa, ich verstehe dich«, sagte sie, als Ethan sich verabschiedete. »Und ich finde es gut, wenn du gehst. Ich würde das genauso machen. Ich werde dich immer lieben, auch wenn du nie wiederkommst.«

Zum ersten Mal seit vielen Jahren weinte Ethan wieder. Er umamte Amy und Janine und machte sich auf den Weg zum Flughafen.

Nach vierzehn Monaten kehrte er nach Hause zurück. Susanne hatte inzwischen die Scheidung beantragt und wollte ihn nicht sehen, aber seine beiden Töchter freuten sich, ihrem Vater wieder zu begegnen. Als Amy ihrem Vater gegenüberstand und ihn ansah, sagte sie: »Ich kann dich in deinen Augen sehen. Jetzt bist du endlich wieder hier, Papa.«

Ethan machte sich die Mühe eines Touristikstudiums und spezialisierte sich anschließend darauf, englischsprachige Reisegruppen durch die deutsche Stadt zu führen, in der er heute mit seiner neuen Partnerin wohnt.

Das M war der letzte Buchstabe gewesen, den Ethan in seinem Leben im Lexikon nachlas.

DIE SEHNSUCHT DER SEELE
NACH NEUEN ERLEBNISSEN

Nicht jeder Mensch ist ein Künstler. Aber jeder kann etwas er-schaffen. Nicht jeder hat das Bedürfnis, ein Haus zu bauen, Bil-der zu malen oder ein Unternehmen aufzubauen. Aber jeder baut sich auf seine ganz persönliche Art und Weise sein Leben auf. Das Leben eines Menschen ist keine Fügung zu-fälliger Kräfte und Ereignisse. Es entsteht durch etwas, das durch den Menschen hin-durch wirken möchte. Diese Kraft, die etwas erschaffen will, ist der Aus-druck einer großen Seelensehnsucht: Neues zu erschaffen und Schöpfer zu sein.

Warum ist diese Kraft ein Teil des Lebensplans? Wenn Sie etwas er-schaffen, entdecken Sie sich selbst. Inmitten einer Welt voller fremder Dinge, die Sie fertig vorfinden, gibt es dann etwas, das von Ihnen stammt. Sie können sich Ihre kleine Schöpfung innerhalb dieser riesigen Schöpfung ansehen und erkennen darin sich selbst. Es ist wie ein Spie-gel. Sie spüren, dass Sie ein Teil von allem sind, weil Sie mit den Teilen von all dem, was Sie vorfinden, etwas Neues gestal-ten können.

Das ist der Grund, warum Therapieformen, die mit Kunst arbeiten, den Menschen wieder »mit sich selbst« verbinden können. Tatsächlich verbindet sich das Ich während des kreativen Prozesses wieder mit seiner Seele und dem großen Ganzen.

Wenn Sie aus dem Wald ein Stück Holz holen und es zu Hause zu einer Figur schnitzen, fühlen Sie das Leben. Wenn Sie aus Ton ein Gefäß formen, spüren Sie die Welt zwischen Ihren Fingern. Wenn Sie in Ihrem Garten Blumen pflanzen, fühlen Sie, wie alles um Sie herum lebt und Sie selbst ein Teil davon sind.

Wenn Sie ein Bild gemalt haben, erkennen Sie darin Ihre Persönlichkeit. Sie können es ansehen und sagen: So empfinde ich diese Landschaft. Wenn Sie einen Menschen fotografieren und suchen danach ein Foto heraus, das Sie besonders gut finden, können Sie es herzeigen und sagen: So sehe ich diesen Menschen. Wenn Sie ein Haus bauen und es entspricht Ihren Vorstellungen, können Sie es ansehen und sagen: So empfinde ich ein gutes Haus. So sehe ich die Welt. Seht das Haus an und ihr erfahrt etwas über mich.

Im Erschaffen von Neuem liegen große Wachstums- und Heilungsmöglichkeiten für die Seele, weil das Ich dabei der Seele näherkommt. Und in dieser Verbundenheit folgt man dem Plan der Seele besser.

Freude ist ein wunderbarer Wegweiser und eine Quelle der Lebensenergie. Folgen Sie also der Freude. Achten Sie aber gleichzeitig darauf, wann die »Freude am Lebensweg« zur »Ablenkung vom Lebensweg« wird. Das ist ein wichtiger Punkt. Es ist sozusagen das Zünglein an der Waage für Ihr inneres Gleichgewicht und für Ihr Lebensglück.

Sie werden genau fühlen, wenn in der Freude, die Sie sich gönnen, bereits eine Art von versteckt wirkendem Leid enthalten ist. Dann wirkt gleichzeitig das Gefühl, etwas anderes zu verdrängen.

Angenommen, Sie hatten keinen schönen Tag und möchten sich eine Freude machen, um dies auszugleichen. Sie beschließen, sich einen besonders schönen Abend nur für sich selbst zu gestalten. Vielleicht nehmen Sie sich Zeit für ein Bad oder Ihren Sport, kochen sich ein gutes Essen, trinken ein Glas Wein und lesen ein schönes Buch oder sehen sich einen guten Film an. Danach wird es Ihnen wahrscheinlich besser gehen als tagsüber und Ihre Sorgen sind weniger geworden. Damit haben Sie ein wundervolles Mittel, um sich trotz der Anstrengungen des fordernden Alltags im Gleichgewicht zu halten.

Am nächsten Tag gehen Sie wieder zu Ihrer Arbeit oder erledigen Ihre Aufgaben und es kann sein, dass die ärgerliche Situation sich verändert hat. Falls die unschöne Situation jedoch bleibt, können Sie es irgendwann nicht mehr durch immer mehr »schöne Abende« ausgleichen. Dann kommt vielleicht eine innere Stimme und sagt: »Gutes Essen, guter Wein, schöne Bücher oder Filme… schön und gut. Aber das ändert nichts daran, dass ich morgen wieder dorthin muss, wo es nicht schön ist.« Kennen Sie das? Irgendwann fühlt es sich an, als würde man mit den eigentlich schönen Erlebnissen vor etwas davonlaufen. Und damit macht man sich die eigentlich schönen Dinge auch noch kaputt. Man kann sie nicht mehr genießen. Was also soll man tun?

Gönnen Sie sich das Vergnügen von Unterhaltung und Ablenkung bewusst und so oft Sie möchten, daran ist nichts Schlechtes. Vielleicht suchen Sie künftig gleichzeitig mit Ihrem feinen Gespür das Gefühl von »Erfülltheit« in Ihrem Leben. Erfülltheit entsteht, wenn Sie dem Plan Ihrer Seele folgen. Und das kann auch bedeuten, etwas Verdrängtes anzusehen und zum Abschluss zu bringen. Hinter solchen scheinbar unangenehmen Entscheidungen erwartet Sie immer eine große Belohnung.

Erfahrungsübung 1: Den Sinn von Kreativität spüren

Wenn Sie möchten, schauen Sie sich wieder Ihre eigene Lebensgeschichte an. Erinnern Sie sich an eine Begebenheit, in der Sie etwas erschaffen haben? Ganz gleich, ob als Kind beim Spielen oder als Erwachsener. Vielleicht haben Sie einen besonders gelungenen Kuchen gebacken, eine Skulptur geformt, Ihre Wohnung umgeräumt oder ein Haus gebaut... Am Ende, als Sie auf Ihr fertiges Werk blickten, hatten Sie ein bestimmtes Gefühl. Welches Gefühl war das?

Vielleicht waren Sie erschöpft und gleichzeitig auch zufrieden? Vielleicht haben Sie am Ende auf Ihren Kuchen, Ihr Bild oder Ihre Möbel gesehen und sich gesagt: Ja, das habe ich gut gemacht? Vielleicht haben Sie dabei so etwas wie Glück empfunden? Erfüllung? Sinn? Das Glück darüber, etwas zu erschaffen, kann so groß werden, dass man ihm sein ganzes Leben widmet oder die meiste Freizeit, oder eben immer wieder bestimmte Zeiträume.

Wenn Sie Erfüllung,
Sinn und Glück erleben wollen,
folgen Sie Ihrer Neugier.

Warum sehnt sich Ihre Seele danach, dass Sie etwas erschaffen? Es gibt viele mögliche Gründe, warum sich der Verstand danach sehnt, etwas zu erschaffen. Das sind meist ganz konkrete Wünsche und Bedürfnisse. Zum Beispiel hat man Hunger und macht sich deshalb ein Essen, oder man stellt etwas her und verkauft es anderen, damit man sich eine Unterkunft leisten kann. Die Gründe für das Ich sind meistens materiell erklärbar.

Die Seele hat ihre ganz eigenen Gründe, denn sie »braucht« keine materiellen Dinge. Stattdessen will sie etwas Bestimmtes erfahren. Was genau ist das? Warum malt jemand ein Bild, selbst wenn es niemals ein anderer sehen wird? Warum schreibt jemand Gedichte, die vielleicht nie gelesen werden? Warum gestaltet jemand seine Wohnung um, obwohl alles gut funktioniert und praktisch ist? Welche Kraft wirkt hier?

Was erleben Sie, wenn Sie durch ein Mikroskop sehen und beobachten, wie sich eine Zelle teilt und zu zwei Zellen wird? Und diese teilen sich wieder und werden zu vier Zellen?

Was erleben Sie, wenn Sie den Baum vor Ihrem Fenster beobachten, wie er nach dem Winter neue Blätter bekommt? Wenn ein Vogel ein Nest baut, Eier legt und neue Vögel entstehen? Was würden Sie erleben, wenn Sie durch ein Teleskop sehen und einen Ausschnitt davon beobachten könnten, wie unzählige Lichtjahre entfernt eine neue Sonne entsteht?

Sie erleben Schöpfung. Das ist deshalb so spannend, weil die Kraft, welche die kleinsten Zellen und die größten Sonnen bewegt, auch jeden von uns geschaffen hat. Und so, wie Sie gerade

sind, sind Sie ebenso wenig »fertig«
wie die sich teilenden Zellen und
die neuen Sonnen. Sie selbst sind
ein Teil dieser ständigen Bewegung. Ihre Seele ist ein Teil dieser
Bewegung. Die gesamte Existenz
ist eine einzige Bewegung, ein
ständiges Vergehen und Erschaffen.

Für Ihr praktisches Leben bedeutet
dies, was auch immer Sie vorhaben,
eines ist ausgeschlossen: dass Sie Ihr Leben zum Stillstand bringen. Kein Tropfen
kann den Fluss anhalten, von dem er selbst ein
Teil ist.

Wenn Sie das wissen, werden Sie viele Lebenssituationen
durch eine andere Brille sehen und Sie werden verstehen, was
geschieht. Indem Sie etwas Neues erschaffen (selbst wenn es
»nur« die Einrichtung Ihrer Wohnung ist), erleben Sie einen Vorgang, der von der Teilung der winzigsten Zelle bis hin zur Ent-
stehung neuer Galaxien von derselben Grundkraft angetrieben
wird: der Kraft der Schöpfung. Materie wird geformt und umge-
formt. Altes verschwindet und Neues entsteht. Deshalb können
Sie in einem kreativen Prozess auch das Gefühl erleben, mit sich
selbst und der Welt eins zu sein.

Gleichzeitig können Sie am Ende das Ergebnis ansehen und
erfahren dabei etwas über sich selbst. Alles, was Sie erschaffen,
ist Ihr Spiegel. Sie können sich darin sehen.

Erfahrungsübung 2: Kreativität als Kraft spüren

Vielleicht denken Sie, Sie wären kein besonders schöpferischer Mensch. Vielleicht glauben Sie, diese Kraft, die man auch Kreativität nennt, würde nicht in Ihnen wirken. Vielleicht haben Sie den Eindruck, Sie selbst wären davon eher abgeschnitten?

Dann versuchen Sie einmal, sich Folgendes vorzustellen: Angenommen, es gäbe ein Gesetz, das Ihnen ab sofort verbieten würde, irgendetwas an Ihrem Leben zu verändern. Ihre Wohnung und die Einrichtung müssten per Zwangsverordnung bis zu Ihrem Lebensende genau so bleiben. Alles wird genau fotografiert und täglich verglichen, um sicherzustellen, dass Sie nichts verändern. Niemals mehr in Ihrem Leben.

Ebenso an Ihrem Arbeitsplatz. Ganz gleich, welche Idee Sie auch haben, bis zu Ihrem Lebensende brauchen Sie sich nie mehr zu äußern und nichts mehr zu verändern. Und ein Wechsel der Stelle oder auch nur des Aufgabenbereichs ist völlig ausgeschlossen.

In Ihrer Freizeit müssen Sie exakt bei den Dingen bleiben, die Sie schon immer getan haben. Es ist Ihnen untersagt, etwas Neues auszuprobieren, und ganz besonders ist Ihnen untersagt, bei Ihren bestehenden Lieblingsbeschäftigungen etwas anderes zu machen als bisher. Sie dürfen ihre bekannten Lieblingsplätze aufsuchen, aber keine neuen. Sie dürfen Ihren Autotyp fahren, aber niemals mehr einen anderen. Der Kleidungsstil, den Sie heute gut finden, ist für den Rest Ihres Lebens verbindlich. Ebenso Ihre Frisur. Dinge wegzuwerfen oder auf andere Weise aus Ihrem Leben zu entfernen ist verboten. Ebenso sie aus Ihrer Reichweite zu verlagern, ganz gleich, ob Sie sie noch mögen oder nicht. Die Themen, für die Sie sich jetzt interessieren und über die Sie sich gerne mit anderen austauschen, sind genehmigt. Neue hinzuzunehmen hingegen nicht...

Wie fühlt sich diese Vorstellung an? Wenn Sie darüber nachdenken, werden Ihnen vielleicht zwei Erkenntnisse kommen.

- Ein großer Teil der Menschen lebt fast genau so.

- Für Sie selbst fühlt es sich an, als würde man Ihnen die Luft zum Atmen nehmen. Ja, es entsteht vielleicht sogar ein Gefühl von vollkommener Sinnlosigkeit. Vielleicht kommt in Ihnen auch die Frage auf: Wenn ich das alles nicht mehr darf, wofür bin ich dann überhaupt noch hier?

Ein solches Leben fühlt sich für Sie deshalb so sinnlos an, weil ein wesentlicher Teil Ihres Seelenplans nicht gelebt werden kann. Schöpfung ist ein Ur-Lebensprinzip. Wenn sie nicht stattfinden kann, zieht sich die Seele zurück, weil sie in diesem Leben keinen Sinn finden kann.

Dem schöpferischen Akt liegt übrigens die gleiche Grundenergie zugrunde wie der Zerstörung. In Indien wird dieses Energiegesetz durch eine Göttin symbolisiert: Kali. Sie ist die Kraft des Erschaffens *und* der Zerstörung. Unwissende haben manchmal etwas Angst vor Kali, weil sie eben auch die Zerstörung symbolisiert. Aber daran ist nichts Falsches. Man hat ja auch keine Angst vor dem Herbst, nur weil er vorübergehend das Grün der

Bäume zerstört. Es ist einfach nur eine Phase im ewigen Lebensfluss von Veränderung.

Denken Sie nur an einen Künstler: Er wird immer wieder viele seiner Ergebnisse »zerstören« – also wegwerfen –, weil sie nicht stimmig sind. Das ist normal. Früher, als Leinwand knapp und teuer war, wurden Bilder einfach übermalt. Ein normaler Vorgang. Geboren werden und Sterben ist Teil desselben großen Ganzen.

Wenn Sie verstehen, dass Erschaffung und Zerstörung nicht »gut und schlecht« bedeuten, sondern »Schöpfung und Erneuerung«, werden Ihnen viele Zusammenhänge einleuchtender erscheinen. Sie werden zum Beispiel verstehen, warum Menschen, die keine Möglichkeit finden, sich auszudrücken und Neues zu erschaffen, sich der Zerstörung zuwenden. Entweder zerstören sie sich selbst, oder sie zerstören ihre Umgebung. Sie gehen mit der gleichen Energie um, nur ist Ihnen nicht bewusst, was sie tun.

Sie werden auch verstehen, warum Menschen, die sich nicht viel mit dem Plan und Sinn des Lebens beschäftigen, dennoch zu äußerem Erfolg und zu Macht kommen können. Sie folgen einfach unbewusst der Energie von Schöpfung. Sie haben die Fähigkeit, diese Kraft nicht durch andere Kräfte bremsen zu lassen.

Damit wird auch verständlich, warum ein Mensch so unzufrieden und letztlich krank werden kann, wenn man ihn zu sehr einschränkt. Keine Veränderung... kein Selbstausdruck... kein Sinn... Folglich meldet sich die Seele mit deutlicher Sprache.

Neues Erschaffen – der Mut, etwas zu verändern

Es geht Ihrer Seele nicht darum, dass Sie nun weltverändernde Dinge tun oder unglaubliche Leistungen vollbringen. So denkt und bewertet nur der Verstand. Es geht Ihrer Seele darum zu spüren, wie Schöpfung stattfindet. Das kann im allerkleinsten Bereich Ihres persönlichen Lebens geschehen oder in einem größeren Rahmen. Als Manager eines Großkonzerns, als privater Künstler oder als Hausfrau, als Handwerker, Tänzerin oder Forscher... Für die Seele ist es nur wichtig, dass Sie Ihrem ganz persönlichen Plan – also Ihren eigenen Sehnsüchten – folgen und nicht fremden Vorstellungen.

Schöpferisch tätig zu sein bedeutet nicht »Großartiges vollbringen«. Es bedeutet nicht »Anerkennung erringen«. Es bedeutet, sich selbst auszudrücken. Und das können Sie immer und unter allen Umständen. Das ist nicht abhängig von Geld oder Status, Begabung oder Ausbildung. Schöpfung bedeutet nicht, Leistung zu erbringen. Es bedeutet, sich selbst zu leben.

Es gibt Menschen, die aus nichts etwas machen. Und andere haben alles zur Verfügung und es gelingt ihnen dennoch kaum, etwas zu erschaffen oder zu verändern. Drücken Sie sich in dem aus, was Sie selbst umgibt. Seien Sie kreativ mit sich selbst und Ihrem persönlichen Freiraum.

Sie selbst sind die Schöpfung.

Kreativität ist die Sehnsucht der Seele nach Schöpfung. Wenn Sie Ihren Impulsen folgen und sich selbst nach außen hin ausdrücken, lassen Sie Ihre Seele singen.

 Praxisübung: Der Blick zurück

Wenn Sie deutlicher spüren möchten, was in Ihrem Leben wirklich wichtig ist und was sich nur wichtig gemacht hat, hilft Ihnen vielleicht folgende Übung.

Stellen Sie sich vor, Sie wären am Ende Ihres Lebens angekommen. Noch ein paar Tage und Sie verlassen diese Welt. Wenn Sie an Ihr Leben zurückdenken – was bereuen Sie? Dinge, die Sie getan haben? Dinge, die Sie nicht getan haben? Welche Dinge? Wo haben Sie immer wieder gewartet und gezögert und nun ist es zu spät? Wo hatten Sie Träume, die nie ins Leben kamen?

Und nun stellen Sie sich vor, es kommt eine Überraschung: Sie müssen doch noch nicht sterben, weil Ihnen jemand unverhofft doch noch drei gesunde Jahre schenkt. Was würden Sie mit dieser Zeit anstellen? Was würden Sie nachholen?

Wenn Ihnen das klar geworden ist, stellen Sie sich vor, Sie dürften ein einziges Mal zu Ihrem Ich ins Heute reisen, um ihm etwas zu erklären und ihm einen Rat zu geben. Was würden Sie sagen?

Wird Ihnen etwas klar? Sie haben nicht ewig Zeit, nicht in diesem Leben. Irgendwann ist es zu spät.

Viele Menschen verschieben ihre Ideen, Sehnsüchte und Träume immer weiter nach hinten. Das sorgt nicht nur für Unzufriedenheit und dafür, dass die Seele ihrem Lebensplan nicht folgen kann. Durch das ständige Sich-selbst-vertrösten geschieht etwas sehr Trauriges: das Kind in Ihnen stirbt. Und wenn der kindliche Anteil stirbt, stirbt auch der Kontakt zur Seele. Der Mensch kann dann zwar noch »funktionieren«, aber es ist kein richtiges Leben mehr in ihm.

Das Kind in Ihnen ist auch der Teil, der spielen will. Es ist wie ein wirkliches Kind: Es glaubt Ihren Versprechungen, dass »bald« oder »später« dieses oder jenes getan werden wird. Wenn Sie es dann nicht tun, glaubt es – vielleicht – Ihren Erklärungen. Es wartet und hofft. Wenn Sie es dann wieder vertrösten, glaubt es Ihnen nicht mehr. Das ist der Moment, in dem Sie sich selbst nicht mehr glauben.

Wenn das Kind in Ihnen sich zurückgezogen hat, spüren Sie das ganz deutlich. Zum Beispiel in Form von Lustlosigkeit, Sinnlosigkeit und Antriebslosigkeit. Was immer Sie sich selbst erzählen, auf welche Weise auch immer Sie sich motivieren wollen – es geht fast nicht mehr. Die kreative Kraft hat sich zurückgezogen.

In diesen Fällen ist es der erste und wichtigste Schritt, das Vertrauen zu sich selbst zurückzugewinnen. Überlegen Sie sich zu Beginn kleinste und kleine Schritte und setzen Sie diese auch um.

Wenn das Kind in Ihnen sich in sich selbst zurückgezogen hat, können Sie seine Kraft nicht mehr wecken, indem Sie ihm riesige und ferne Dinge versprechen. Um seine – und damit Ihre – Lebenslust zurückzuholen, müssen Sie ihm vielleicht erst einmal ein Eis spendieren.

Der sechste Seelenplan

Einheit

will empfunden werden

*Ihre Suche, Ihre Unruhe
und andere unangenehme
Gefühle werden sich beruhigen,
je mehr Sie die Verbindung
zu Ihrer Seele spüren.*

*»Der ist der glücklichste Mensch,
der das Ende seines Lebens
mit dem Anfang in Verbindung setzen kann.«*

JOHANN WOLFGANG VON GOETHE
Deutscher Dichter
* 28. August 1749 in Frankfurt am Main
† 22. März 1832 in Weimar

Isabelle und die Fahrradsignale

Isabelle arbeitete als Eventmanagerin in einem großen Unternehmen. Ihre Aufgabe lag darin, Veranstaltungen zu organisieren und dafür zu sorgen, dass Kunden und Geschäftspartner sich gut betreut und unterhalten fühlten. Isabelle war überaus gut in ihrem Beruf und was sie anpackte, wurde zum Erfolg. Kollegen schätzten sie ebenso wie Vorgesetzte und Mitarbeiter und sie stand in dem Ruf, sowohl kompetente Powerfrau als auch Stimmungskanone zu sein.

Eine Woche vor ihrem siebenunddreißigsten Geburtstag fuhr Isabelle wie gewohnt mit ihrem Fahrrad nach Hause. An der Kreuzung vor ihrer Wohnung öffnete ein Autofahrer in genau dem Moment seine Tür, als sie auf seiner Höhe war. Isabelle überschlug sich, wurde ohnmächtig, und man brachte sie ins Krankenhaus, wo man einige Prellungen und ein gebrochenes Schlüsselbein feststellte.

Als Isabelle im Krankenhausbett aufwachte, war ihr erster Gedanke: Jetzt hat mich das Leben ausgebremst. Endlich. Ihr war sofort klar, dass sie ein Signal empfangen hatte. In ihrem beruflichen Leben stand sie seit Jahren unter Hochspannung und die Zeit, die ihr für sich selbst blieb, war auf ein überlebensnotwendiges Minimum geschrumpft. Die wenigen freien Stunden nutzte sie, um systematisch Männer kennenzulernen, immer in der Hoffnung auf die große Liebe. Ganz im Gegensatz zu diesem Wunsch waren alle Männer, die sie anzog, in ähnlich enge beruf-

liche Bedingungen eingespannt wie Isabelle selbst. Alle Beziehungen endeten immer wieder schnell im völligen Gefühlschaos.

All diese Gedanken, Erinnerungen und Bilder gingen Isabelle durch den Kopf, als sie zu sich kam. Während der folgenden zwei Wochen im Krankenhaus musste sie feststellen, dass von den vielen scheinbaren Freunden und Bekannten nur zwei Menschen den Drang verspürten, sie zu besuchen. Einer davon war ihr Bruder. Immer stärker drängte sich die Frage in den Vordergrund, mit wem genau sie sich eigentlich in ihrem Leben umgab. Wer waren die vielen Menschen, die sie ständig um sich hatte, sodass ihr kaum Zeit für sich selbst blieb? Und wo waren sie alle in dem Moment, als es ihr schlecht ging?

Sie lag in ihrem Einzelzimmer, starrte Stunde um Stunde zum Fenster hinaus, beobachtete, wie die Wolken vorbeizogen und fühlte eine unendliche Einsamkeit in sich. Gleichzeitig spürte sie, dass diese Einsamkeit schon immer in ihr gewesen war. Bereits als Kind war sie einsam gewesen, mit einem Vater, der niemals wirklich da war, und einer Mutter, die Weinflaschen mehr liebte als ihre Tochter. All die Ablenkungen durch Arbeit und Menschen und immer neue Beziehungen waren nur Isabelles Versuch gewesen, die Einsamkeit ihrer Kindheit nicht mehr spüren zu müssen.

Und jetzt hatte das Leben sie in ein einsames Bett gezwungen, damit sie fühlen musste, was sie nie fühlen wollte. Wo lag da der Sinn? Der einzige Schluss, zu dem sie kam, war, dass sie ganz eindeutig etwas an ihrem Leben ändern sollte. Vielleicht einfach mal einen Gang runterschalten? Oder eine andere Stelle? Oder eine Auszeit für die große Reise, die sie seit Jahren in ihrem Kopf hatte? Nach drei Tagen ergebnisloser Grübelei bekam Isabelle eine Bettnachbarin zugeteilt und ihre Gedankenmühle hatte ein Ende. Die restlichen Tage verbrachte sie gut gelaunt im regen Austausch mit der Frau neben ihr.

Auch in den folgenden vier Wochen in einer Rehabilitationsklinik wurde ihr schnell langweilig und sie organisierte eine Reihe von Unterhaltungsprogrammen für die Patienten. Nach zwei Monaten war Isabelle weitgehend wiederhergestellt und kehrte an ihren Arbeitsplatz zurück. Dort musste sie feststellen, dass sie während ihrer Abwesenheit den begehrten Schreibtischplatz am Fenster des Großraumbüros, um den sie sich jahrelang bemüht hatte, wieder verloren hatte. Sie nahm ihren früheren Platz am Gang ein und wieder kam das Gefühl auf, vom Leben ausgebremst worden zu sein. Doch Isabelle war eine tüchtige Frau und schaffte nach einigen Monaten die Versetzung in eine andere Abteilung. Damit verbunden waren ein besserer Arbeitsplatz, eine kleine Gehaltserhöhung und noch mehr Arbeit als zuvor. Um dies auszugleichen und dem Signal zu folgen, das sie bekommen hatte, trat sie in eine betrieblich angebotene Yogagruppe ein.

So ging Isabelles Leben weitgehend ähnlich wie bisher weiter, bis zu dem Zeitpunkt, an dem sich ihr Unfall jährte. Genau drei Tage vor diesem »Jahrestag« fuhr sie wieder mit dem Fahrrad nach Hause. Und wieder überquerte sie dieselbe Kreuzung, fuhr denselben Radweg entlang. Nur fünfzig Meter von der alten Stelle entfernt öffnete der Fahrer eines dunkelblauen Lieferwagens seine Tür. Isabelle sah das Ereignis wie in der Zeitlupe eines Films auf sich zukommen und dachte: Nicht schon wieder. Das ist völlig *verrückt! Das muss ein Witz sein! Sie riss ihren Lenker herum, doch statt der Tür des Wagens auszuweichen, rutschte ihr Rad zur Seite und Isabelle prallte gegen den hinteren Kotflügel. Als sie aus der Dunkelheit aufwachte, lag sie nicht im Krankenhaus. Sie sah blauen Himmel über sich und stellte kurz darauf fest, dass sie auf dem Gehweg neben der Unfallstelle lag. Jemand hatte sie vom Radweg auf den Gehweg an eine Hauswand gelegt. Ihr Fahrrad war verbeult und ordentlich an der Wand neben ihr aufgestellt. Weder vom Fahrer noch von dem Wagen war etwas zu sehen.*

Im Krankenhaus stellte man fest, dass Isabelles Schlüsselbein an derselben Stelle gebrochen war wie ein Jahr zuvor, doch dieses Mal kam noch ein Oberschenkelhalsbruch dazu. Die Polizei konnte keine nützlichen Hinweise auf den Lieferwagen finden.

Nun lag sie zum zweiten Mal im selben Krankenhaus und dieses Mal waren ihre Gefühle und Erkenntnisse deutlich überwältigender als im Jahr zuvor. Dieser Unfall hätte wirklich das Ende sein können. Sie musste unbedingt etwas ändern. Aber was? Die neue berufliche Aufgabe hatte scheinbar ebenso wenig genutzt wie die regelmäßigen Yoga- und Meditationsstunden. Zu den Gefühlen von Einsamkeit kamen nun auch Fragen nach dem Sinn. Warum musste sie das alles erleben? Wollte der Himmel sie bestrafen? Wofür? Trotz der unschönen Situation war ein Teil von Isabelle fasziniert vom synchronen Ablauf der Ereignisse. Sie spürte mit jeder Faser, dass dies alles nichts mit Zufall zu tun hatte. Es war wie eine höhere Fügung. Die Ereignisse schienen so deutlich zu sprechen und dennoch verstand sie die Botschaft nicht. Was genau sollte sie verändern? Was sollte sie sehen lernen?

Den Ablauf der folgenden Wochen erlebte Isabelle wie hinter einer Art Schleier. Scheinbar lief alles so ähnlich ab wie beim letzten Mal und gleichzeitig war alles völlig anders. Sie beobachtete sich selbst, wie sie mit anderen Patienten und Ärzten sprach und ihre sympathischen Geschichten und Witze erzählte. Sie beobachtete, wie die Menschen reagierten und was sie taten, aber es war, als ob ein Teil von ihr selbst daran nicht beteiligt wäre.

Bald darauf kehrte Isabelle wieder in ihren Beruf zurück, doch auch dort fühlte sich nichts mehr an wie zuvor. Bei allem, was sie tat, war dieses seltsame Gefühl von Einsamkeit im Hintergrund. Sie beobachtete ihr eigenes Leben aus dieser Einsamkeit heraus und das machte ihr zunehmend Angst. In diesem seltsamen inneren Zustand ging sie zu einer Frau, die von sich sagte, den Menschen den Seelenweg aufzeigen zu können. Und tatsächlich war die Erklärung, die sie dort bekam, völlig anders als das, was sie sich ausgedacht oder erhofft hatte.

»Isabelle, es geht nicht um eine andere Stelle«, sagte die Frau. »Es geht auch nicht um einen Partner. Und auch nicht um Yoga oder um deine Freizeitgestaltung. Es geht darum, dass du davonläufst. Dein ganzes Leben lang läufst du vor dem Gefühl davon, das du als Kind erfahren musstest. Du willst das Gefühl von Einsamkeit in dir nicht spüren, aber es geht nicht weg, ganz gleich, was du auch tust. Das ist das Thema deines Lebens.«

Als Isabelle dies hörte, dachte sie nur ein Wort: Volltreffer.

Die Frau erklärte ihr, dass die Verlassenheitsgefühle, die sie als Kind erlebt hatte, niemals geheilt worden waren. Statt sich mit diesem Thema zu beschäftigen, war Isabelle instinktiv davor davongelaufen. Diese Flucht war nun durch immer deutlichere Signale des Lebens gebremst worden. Isabelle spürte, dass dies die Wahrheit war und sie vertraute der Frau. Zusammen mit ihr sah sie sich die Gefühle ihrer Kindheit an. Sie war überrascht, dass es kein langer Vorgang war, aber ein intensiver. Statt die Gefühle zu verdrängen, erlaubte sie ihnen, voll und ganz nach oben zu kommen. Das war die innere Heilung, nach der sich Isabelle so lange gesehnt hatte. Je mehr sie es zuließ, die Gefühle in sich zu spüren, umso weniger kämpfte sie gegen sich selbst. Und sie stellte fest, dass diese Gefühle einfach nur kamen und gingen.

Mit dieser völlig neuen Sichtweise bezüglich ihres eigenen Gefühlslebens wurde sie immer ruhiger. Sie wusste, dass sie vor den Gefühlen nicht mehr weglaufen musste. Sie konnte sie abwarten und in sich erleben und danach ihr Leben weiter leben. Ihr Tagesablauf und ihre Arbeit veränderten sich zunächst kaum, aber die Art, wie Isabelle ihre Arbeit erlebte, veränderte sich grundlegend. Wenn das Gefühl von Einsamkeit kam, ließ sie es nun erst einmal zu, statt sofort etwas dagegen zu tun. Sie lief nicht mehr davor weg. Nicht mehr weglaufen zu müssen, war ein großes Stück von der Freiheit, nach der sie sich so sehr gesehnt hatte.

Die ständige Suche nach immer neuen Männern hörte auf, weil sie erkannte, dass neue Männer auch nicht die Lösung gewesen waren, sondern nur eine Ablenkung. Die Suche nach »sinnvoller« Freizeitgestaltung ließ nach, weil sie erkannte, dass persönliche Zeit für sich selbst keinen anderen Sinn haben musste, als persönliche Zeit zu sein.

Nach zwei Jahren lernte sie auf einem Konzert Georg kennen.

Er war Kunsthandwerker und arbeitete die meiste Zeit allein in seiner Atelierwerkstatt. Georg war völlig anders als alle Männer, die Isabelle jemals zuvor kennengelernt hatte. Er schien in sich selbst eine Art Heimat gefunden zu haben, einen inneren Ruhepol. Und er hatte Zeit. Er war ein Mann, der in seinem Leben Platz für einen anderen Menschen hatte. Platz für Isabelle.

Ihre Seele und Sie als Mensch haben ein großes gemeinsames Ziel: Sie wollen eine harmonische Einheit werden. Warum ist das so?

- Für Sie als Mensch und individuelles Ich gibt es einen ganz praktischen Grund, sich nach der Einheit von Körper, Geist und Seele zu sehnen: Es fühlt sich prima an. Sie empfinden dabei Glück, Frieden, Liebe, Freude und Erfüllung. Sie fühlen sich in Ihrem Leben wohl und es geht Ihnen gut.

- Für Ihre Seele gibt es ebenfalls ganz klare Gründe für die Sehnsucht nach der Einheit mit Ihrem Körper und Ihrem Geist und damit auch mit Ihrem Ich. Denn nur wenn Sie mitmachen, kann Ihre Seele ihrem Plan folgen und ihre Aufgaben erledigen. Als Ergebnis empfinden Sie dann das Gefühl von »Stimmigkeit«. Eine Mischung aus Gelassenheit und dem sicheren Wissen, dass das Leben gerade »richtig« ist.

Welche Rolle spielt die Liebe?

Es gibt Liebe und es gibt Beziehung. Beides kann zusammen geschehen oder unabhängig voneinander. Sie können Liebe spüren, ohne einen anderen Menschen an Ihrer Seite zu haben, und Sie können einen Partner haben, ohne Liebe zu spüren.

Liebe entsteht durch das Gefühl von Verbundenheit, ganz gleich, ob mit einem Menschen, einem Tier, einer Pflanze, der Natur, dem eigenen Körper ... Je mehr Sie sich mit Ihrem Leben, Ihrer Seele oder dem Göttlichen verbunden fühlen, umso andauernder und tiefer wird Liebe in Ihnen geschehen.

Wenn Sie Ihre Gefühle von Verbundenheit über Beziehungen hinaus erweitern, entlasten Sie Ihre Beziehungspartner, und es entsteht das, wonach sich alle so sehr sehnen: Liebe ohne Forderung. Liebe in Freiheit.

Manche Seelen haben sich für dieses Leben vorgenommen, große Schritte in Richtung Einheit von Körper, Geist und Seele zu machen. Auf dieser neuen Ebene von »Bewusstsein« ist man sich dieser Zusammenhänge nicht nur im Kopf bewusst oder spürt diesen Zustand gelegentlich. Einen stabilen Zustand dieses Bewusstseins zu erlangen, bedeutet, selbst zu dem Neuen zu »werden«.

Wie immer, wenn etwas Neues kommen soll, muss etwas Altes gehen, um Raum zu schaffen. Das ist auch im Fall von »bewusst sein« so. Ob der Weg zu einem neuen Bewusstseinszustand für Sie ansteht oder nicht, und wenn ja, wie intensiv das geschieht, können Sie an sich selbst beobachten. Einige Hinweise deuten besonders klar darauf hin, dass die Seele Sie in einen neuen Zustand bringen möchte:

- Vieles, was Sie früher als bereichernd empfanden, erfreut Sie heute nicht mehr besonders.

- Was Sie früher leidenschaftlich gerne gemacht haben, ist Ihnen heute weniger wichtig.

- Menschen, deren Anwesenheit Sie früher als Bereicherung ansahen, berühren Sie heute kaum noch.

- Das Gefühl von Einsamkeit taucht öfter auf, selbst in Gesellschaft.

- Das Gefühl, Fremder unter Fremden zu sein, taucht immer öfter auf.

- Das Gefühl, vielleicht »ein seltsamer Mensch« zu sein, nimmt zu.

- Es fällt Ihnen bei weitem nicht mehr so leicht wie früher, sich zu integrieren.

- Es wird immer schwerer, Dinge zu tun, in denen Sie keinen Sinn sehen.

- Dinge, über die sich andere freuen, sind Ihnen nicht so wichtig.

- Fremde Überzeugungen zu vertreten, wird für Sie schwieriger, selbst wenn der Beruf es erfordern würde.

- Bestimmte Rollen zu spielen, gefällt Ihnen immer weniger.

- Menschen, die sich vor allem über die Vergangenheit und für Sie unwesentliche Dinge austauschen möchten, machen Sie zunehmend nervös. Es wird immer anstrengender, mit ihnen Zeit zu verbringen.

- Manchmal fühlen sich Begegnungen – selbst mit nahestehenden und lange bekannten Menschen – fast schon »unerträglich« an, obwohl diese Menschen sich eigentlich wie immer verhalten.

- Das Gefühl, allein sein und Zeit mit sich selbst verbringen zu wollen, kommt immer häufiger auf.

- Wenn Sie Ihr Leben insgesamt betrachten, taucht immer häufiger die Frage nach dem Sinn auf.

Solche Empfindungen und Zustände sind keine »Fehlfunktionen«. Nichts daran muss repariert werden. Es sind Zwischenstufen auf einem Weg in die Einheit mit sich selbst. Es sind Loslass-

und Neuwerdungs-Prozesse. Und Ihre Seele hilft Ihnen dabei, falls es für Sie so geplant ist.

Um Sie in einen neuen Bewusstseinszustand von innerer Einheit zu führen, hat Ihre Seele zwei Möglichkeiten:

- Ihnen den neuen Weg zu zeigen, der Sie zur Verbindung mit »sich selbst« führt.
- Die alten Wege abzuschneiden, die Sie von der Verbindung mit sich selbst abhalten.

Meist geschieht beides gleichzeitig oder im Wechsel und dann erleben Sie eben genau die zuvor beschriebenen Veränderungen. Wenn man um die Schritte der Veränderung nicht weiß, erlebt man einfach nur, wie sich das alte Leben völlig auflöst und etwas Neues nicht in Sicht zu sein scheint. Dies führt dann zu einem Zustand, den manche Menschen als Depression empfinden.

DER IRRTUM BEZÜGLICH DER DEPRESSION

Nur wenige Menschen, die glauben, sie hätten eine Depression, haben tatsächlich eine. Aber eine »empfundene Depression« spüren viele Menschen immer wieder einmal und diese kann manchmal auch länger andauern. Was hier als Depression empfunden wird, ist in Wahrheit die Erfahrung von *Sinnlosigkeit* mit der gleichzeitigen Erfahrung von *Einsamkeit*. Weder gegen das eine noch gegen das andere hilft ein Medikament. Sinnlosigkeit und

Einsamkeit sind Erfahrungen des Menschseins, die Ihnen das Leben und Ihre Seele schicken, damit Sie den nächsten Schritt machen können.

Was immer Sie auch fühlen –
Ihre Seele will Sie nicht bestrafen.
Ihre Seele will Sie führen.

UMGANG MIT DER EINSAMKEIT

Als Erstes ist es wichtig zu erkennen, dass Einsamkeit weder eine Krankheit noch ein Makel ist, und dass sie auch nicht aus einer persönlichen Unfähigkeit resultiert. Einsamkeit ist ein Grunderfahrungszustand. Sich einsam zu fühlen ist nichts, was man aktiv beseitigen müsste.

Außerdem ist es auch wichtig herauszufinden, ob man einsam oder nur allein ist. Manchmal wird Einsamkeit mit Alleinsein verwechselt. Das ist keine Wortspielerei, sondern eine wichtige Erkenntnis über sich selbst.

Einsamkeit bedeutet *nicht* die Abwesenheit von Gesellschaft und sozialen Kontakten. Das ist Alleinsein. Alleinsein kann ein köstlicher und heilender Zustand sein. Sie ziehen sich zurück, weil Sie eine ruhige Zeit für sich selbst brauchen. Sie wollen etwas allein schaffen oder erleben, weil es allein intensiver ist. In diesem Sinne allein zu sein ist nicht automatisch leidvoll. Oft ist es ein freiwillig gewählter Zustand.

Das Gefühl von Einsamkeit hingegen entsteht aus der Erkenntnis, dass Sie allein in dieses Leben gekommen sind und auch allein wieder gehen werden. Und dass Sie – was auch immer Sie zwischen diesen beiden Ereignissen erfahren – es in Wahrheit allein erfahren. Selbst Gruppen von Menschen oder der verständnisvollste Partner und die liebevollste Familie können das Gefühl von Einsamkeit nicht beseitigen, wenn es in Ihnen aufkommt.

Vielleicht haben Sie folgende Situationen schon einmal erlebt: Sie befinden sich unter Leuten, vielleicht auf einer Feier, und fühlen sich dabei einsam und verloren. Oder Sie versuchen, einem nahestehenden Menschen etwas für Sie Wichtiges zu berichten und merken, dass er nicht zuhört oder Sie nicht versteht. In solchen Momenten kann das Gefühl der Einsamkeit aufkommen.

Gegen Einsamkeit können Sie nichts machen. Einsamkeit bringt Ihnen das Leben, ohne dass Sie eine Wahl haben. Warum ist das so? Welchen Sinn macht es, Einsamkeit erleben zu müssen? Wenn Sie Einsamkeit fühlen, ist das für Sie eine Möglichkeit, in eine große Bewusstseinstiefe geführt zu werden. Für Ihr Ich ist das nicht immer angenehm. Auf dem Weg zu der Erfahrung, wer oder was Sie in Wahrheit sind, muss das Gefühl der Einsamkeit unbedingt immer wieder auftauchen. Denn das, was Sie sind, ist nicht Ihr soziales Umfeld. Was Sie in Wahrheit sind, ist auch nicht Ihr Beruf oder Ihre Familie oder dieses und jenes Ziel.

Meist ist das Gefühl von Einsamkeit nicht von Dauer. Es kommt in Wellen, als würden sich Fenster öffnen und wieder schließen. Als würde etwas Großes Sie aus dem normalen Leben herausziehen und danach wieder in das Leben hinein entlassen.

Je nachdem, was Ihre Seele an Erfahrungen für dieses Leben geplant hat, kann Einsamkeit aber auch als Hintergrundzustand bestehen bleiben. Sie tun dann im Alltag, was andere auch tun, aber ein Teil von Ihnen beobachtet das alles wie eine Art Film. Dadurch entsteht für Ihr Ich das Gefühl, von den anderen Ichs getrennt zu sein. Wenn Ihnen das widerfährt, seien Sie sich eines sicher: Sie sind nicht krank oder sozial unfähig oder depressiv. Sie erleben nur den Raum, in dem sich Ihre Seele befindet, gleichzeitig mit dem Raum, in dem Ihr menschliches Leben mit seinen Beziehungen zu anderen Menschen stattfindet.

Die beste Art mit Einsamkeit umzugehen ist, sie nicht abzulehnen, sondern sie als Bewusstseinszustand ganz »bewusst« zu erleben. Das fällt umso leichter, je besser man den häufigen Begleiter der Einsamkeit versteht: das Gefühl von Sinnlosigkeit.

UMGANG MIT DER SINNLOSIGKEIT

Wenn das Ich glaubte, der Sinn des Lebens würde in bestimmten Beziehungen zu anderen Ichs oder in bestimmten Beschäftigungen und Zielen des Ichs liegen, nimmt einem die Einsamkeit diese Illusion. Wenn Sie sich einsam fühlen, geben Ihnen auch Beziehungen keinen Sinn mehr. Sie sitzen dann unter Menschen und fühlen sich wie abgeschnitten. Sich von anderen Menschen abge-

Viele Ihrer Gefühle entstehen als Folge bestimmter Gedanken und Erinnerungen. Wenn dem so ist, können Sie den Grund finden, auch wenn er manchmal ein wenig verborgen scheint. Andere Gefühle kommen scheinbar grundlos wie Wellen und tauchen immer wieder auf. Diese Gefühle sind Echos von Ereignissen aus früheren Leben. Es sind nicht zu Ende erlebte Erfahrungen. Über den Weg Ihrer zeitlosen Seele werden sie in Ihr jetziges Leben geleitet, um zu Ende gefühlt zu werden.

Sie können Ihrer Seele helfen, indem Sie zulassen, diese Gefühle vollkommen zu erleben. Vielleicht beschließen Sie, die Gefühlserfahrung »zu erforschen«. Es lohnt sich über alle Maßen, denn dahinter wartet ein großes Geschenk auf Sie.

schnitten zu fühlen, ohne eine Alternative zu haben, bedeutet, sich vom Leben abgeschnitten zu fühlen. Man hängt orientierungslos im leeren Raum. Und dann scheint alles ohne Sinn zu sein.

Doch das ist nicht das Ende. Es ist nur die erste Stufe einer großen Veränderung. Der Verstand wird nach einem neuen Sinn suchen. Er wird Fragen haben und Antworten suchen. Er macht sich wieder auf den Weg. Dabei muss er – ob er will oder nicht – alte Überzeugungen loslassen, weil sie ohnehin zerbrechen. Geben Sie Ihrem Verstand unbedingt die Möglichkeit, Erklärungen zu finden. Geben Sie ihm Bücher, Filme oder Veranstaltungen. Auf diese Weise kann er sich mit Erfahrungen und Wissen beschäftigen, die ihm Erklärungen zum Leben geben.

Verstehen Sie nun den Sinn von Einsamkeit? Wenn Sie mit dem Gefühl der Einsamkeit konfrontiert sind, sorgt die Seele dafür, dass alte Überzeugungen und Verhaltensweisen Ihres Ichs sinnlos werden. Was immer Sie bislang erfüllte, beschäftigte oder ablenkte, macht keinen Sinn mehr. Entweder Sie versinken nun in der Einsamkeit oder Sie kommen auf eine neue Bewusstseinsstufe und erkennen eine neue Dimension von Sinn. Einsamkeit nimmt Ihnen sozusagen alte Verbindungen zur Welt weg. Nicht um Sie zu bestrafen, sondern damit Sie wieder auf die Suche gehen. Einsamkeit ist ein Impuls Ihrer Seele für Erneuerung, damit in Ihnen Veränderung und Wachstum geschehen können.

Auf dem Weg zur Einheit mit Ihrer Seele werden Sie sich immer wieder deutlich verändern. Mit Ihrer Veränderung werden sich auch Ihre Beziehungen verändern und Ihre Lebensumstände. Wenn Sie die ständige Veränderung als den »normalen« Lebenszustand akzeptieren, wird dies leichter und freudvoller ablaufen, als wenn Sie Stabilität suchen, die Sie vielleicht ohnehin nicht vom Leben bekommen. Der Weg zur Einheit mit Ihrer Seele wird dazu führen, dass sich Ihre Ausrichtung ändert. Sie werden nicht mehr diese oder jene Menschen als »Führende« akzeptieren. Und Sie werden sich auch immer weniger nach anderen Meinungen richten, weil Sie eine viel bedeutendere »Meinung« immer deutlicher hören.

> *Einsamkeit bedeutet nicht:*
> *»Das Leben macht keinen Sinn mehr.«*
> *Einsamkeit bedeutet:*
> *»Das <u>alte</u> Leben macht keinen*
> *Sinn mehr.« Es ist ein Signal der*
> *Seele, einen neuen Weg zu suchen.*

Auf diesem Weg werden Sie wundervolle und tiefe Erfahrungen von Verbundenheit und Lebensglück erleben. Viele Dinge, die früher ein Problem waren, werden einfach unbedeutend. Vieles, was Sie früher Kraft kostete, wird aus Ihrem Leben verschwinden. Gleichzeitig wird sich auf dem Weg zur Einheit mit Ihrer Seele auch Ihr Umfeld verändern. Neue Menschen werden Ihnen näherkommen und manche bislang Nahestehende könnten sich entfernen.

Praxisübung: Das immer wieder Neue ganz stabil erleben

Wenn Sie die Veränderung in Ihrem Leben immer wieder begrüßen, machen Sie sich den Weg dazu, die Einheit mit Ihrer Seele
zu spüren, erheblich leichter. Weil unser Verstand die Grundauf-
gabe hat, unser Überleben zu sichern und für Essen und Komfort
zu sorgen, ist er so programmiert, dass er Stabilität sucht. Veränderungen mit den damit verbundenen Unsicherheiten will er
eher vermeiden. Deshalb ist der Verstand oft der Teil, der sich
immer wieder gegen den Fluss des Lebens stellt. Vielleicht möchten Sie ihn einmal eine neue Sichtweise entdecken lassen?

Versuchen Sie einmal folgende Übung: Was immer Sie gerade
sehen, ist eine Momentaufnahme in einem Fluss von Veränderungen. Selbst wenn Sie allein in Ihrer Wohnung sitzen, wird irgendwann in naher Zukunft etwas anders sein als jetzt. Vielleicht
taucht ein Geräusch auf, obwohl gerade noch Stille da war. Oder
ein Insekt bewegt sich durch den Raum, oder ein Fenster klap-
pert. Oder Sie bemerken sich selbst, wie Sie Ihren Kopf bewegen
oder atmen. Was Sie also gerade beobachten, ist Veränderung.

Wie erleben Sie das?

Versuchen Sie nun, den Ort in Ihnen zu erspüren, von dem aus
Sie durch Ihre Augen in diese Welt sehen… Er befindet sich im
hinteren Teil Ihres Kopfes. Es ist Ihr »Ich-Zentrum« und es fühlt
sich vielleicht so an, als wäre es irgendwo in der Mitte der Gedanken und sieht durch die Augen nach draußen… Können Sie sich
das vorstellen? Falls nicht, üben Sie es noch einmal, wenn Sie un-
gestört sind, es lohnt sich, denn es ist ein faszinierendes Erlebnis…

Wie finde ich die Geschenke meiner Seele?

Wenn Sie dem Plan Ihrer Seele folgen, warten Geschenke auf Sie. Einige dieser Geschenke haben Sie schon erlebt. Immer wenn Sie den Mut hatten, eine Hürde zu überwinden, wartete dahinter ein großes Geschenk. Immer wenn Sie den Mut hatten, zuerst etwas Altes loszulassen, ohne das Neue in Reichweite zu haben, wurden Sie letztlich belohnt. Immer wenn Sie einen großen inneren Schmerz durchleben mussten und dieser irgendwann zu Ende ging, erlebten Sie das Geschenk.

Die Geschenke Ihrer Seele liegen häufig hinter den scheinbar unangenehmen Dingen. Sie verbergen sich hinter den Türen, die man eigentlich nicht öffnen möchte. Deshalb sagt man, dass den Mutigen das Glück gehört.

Wenn Sie nun konzentriert, vom Ort Ihres Ich-Zentrums aus, durch Ihre Augen in diese Welt sehen – verändert sich dann dieser sehende Mittelpunkt ebenfalls? Es kann gut sein, dass Sie diesen Ort wie ein stabiles Zentrum Ihrer Wahrnehmung empfinden, selbst wenn Sie Ihren Kopf bewegen und woanders hinsehen. Es ist der Punkt, an dem sich Ihr Ich befindet, wenn es sich selbst räumlich wahrnehmen will. Ihr Ich-Gefühl ist nicht im Bauch oder im Herz oder im linken Fuß, sondern an genau diesem Ort in Ihrem Kopf. Und diese Empfindung ist – bei genauer Untersuchung – bei allen Menschen gleich.

Und nun beobachten Sie – mit diesem Empfinden des Ich-Zentrums in Ihrem Kopf –, ob sich irgendwo etwas bewegt. Falls Sie gerade allein in einem geschlossenen Raum sind, sehen Sie von Ihrem stabilen Ich aus zum Fenster hinaus. Irgendwo bewegt sich etwas. Das ist normal. Fällt Ihnen auf, dass alles um Sie herum in einer ständigen Bewegung ist? Sie sitzen wie in einem Kinosessel, und vor Ihnen – auf der völlig stabilen Leinwand – läuft der Film.

Wenn das Leben Sie gerade wieder einmal durchschütteln will, hilft Ihnen diese Übung, Stabilität zu empfinden. Spüren Sie, wie unglaublich zuverlässig und stabil die Veränderung im Leben fließt. Diese ständige Veränderung ist extrem zuverlässig und sicher. Es gibt nichts, was sie anhalten könnte, und was immer geschieht, Sie können sich auf diesen Fluss verlassen. Je bewusster Ihnen das wird, umso leichter können Sie das begrüßen, was Ihre Seele in Ihr Leben bringen möchte.

Der siebte Seelenplan

Gott

will gefunden werden

Die Rückkehr zu der Quelle,
aus der sie kommt, ist die größte
Sehnsucht Ihrer Seele.
Je mehr Sie Ihre Seele spüren,
umso mehr werden auch Sie
diese Sehnsucht erleben.

Heimkehr zur Wurzel heißt: Stille.
Stille heißt: Rückkehr zur Bestimmung.
Rückkehr zur Bestimmung heißt: Ewigkeit.
Erkennen des Ewigen heißt: Erleuchtung.

LAO-TSE
Chinesischer Philosoph, Begründer des Taoismus
6. Jahrhundert v. Chr.

Aus dem Tao Te King

Als Mensch haben Sie eine Reihe von Aufgaben, die völlig genügen würden, um Ihr Leben auszufüllen. Partner wollen gefunden und das Leben mit ihnen gelebt werden. Kinder wollen gezeugt, geboren und großgezogen werden. Beziehungen wollen in Ordnung gebracht werden. Altes will losgelassen und Neues will erschaffen werden. Bedürfnisse wollen gestillt und Wünsche erfüllt werden. Da bleibt oft wenig Zeit, oder es besteht auch gar kein Interesse daran, sich mit Fragen nach dem Sinn oder nach dem »Woher« und »Wohin« zu beschäftigen. Und für all das braucht ein Mensch auch keinen Gott und keine Antwort auf die Frage nach der Seele. Es genügt, es zu tun und zu erleben, und gleichzeitig kann man damit voll auf der Spur seines Lebensplans sein.

Wenn aber die Frage auftaucht, was hinter alldem liegt und wie es weitergeht, lässt sie einen selten wieder los. Dann ist das ein Hinweis, dass die Seele auf dem Weg zurück zu ihrer Quelle schon weit gekommen ist.

Ab einer bestimmten Phase des Weges braucht Ihre Seele Ihr Interesse an der Schöpfung, weil wirkliches Loslassen und Freiwerden immer mit Erkennen und Verstehen zu tun hat. Ihre Seele ist darauf angewiesen, dass Sie als Mensch einen bestimmten Bewusstseinszustand anstreben, weil Sie sich sonst nicht mit den betreffenden Themen beschäftigen würden.

Was tut Ihre Seele, um Sie für diesen Plan zu gewinnen? Sie fügt Ihnen zu Ihrem ohnehin ereignisreichen Leben noch eine große Sehnsucht hinzu: Die Suche nach Antworten auf Fragen bezüglich der Kraft, die alles geschaffen hat. Die Sehnsucht danach, zu verstehen, wie alles zusammenhängt. Ihr ganz persönliches Interesse an diesen Dingen ist der direkte Ausdruck Ihres Seelenplans.

Wenn Sie sich für religiöse und spirituelle Themen interessieren, werden Ihre Fragen wahrscheinlich eher mehr werden statt weniger. Sie finden endlich eine Antwort und schon kommt ein neues halbes Dutzend Fragen auf.

Fragen und Zweifel sind ein gutes Zeichen, denn dann stehen Sie in gutem Kontakt mit Ihrer Seele. Ihre Seele hat keine Fragen im menschlichen Sinn, aber sie wird von einer unendlichen Sehnsucht bewegt: Die Seele sucht die Quelle. Sie sucht das, was sie erschaffen hat.

Frei zu werden ist die zentrale Sehnsucht der Seele, denn es bedeutet, dass alles erledigt ist und sie nicht mehr kommen *muss*. Manche Seelen entscheiden sich dann trotzdem und freiwillig, noch einmal auf die Welt zu kommen, um anderen, die ebenfalls kurz vor dem Ende des langen Weges sind, zu helfen. Manche der großen spirituellen Meister der Geschichte waren solche Menschen und auch heute sind einige von ihnen unter uns.

Ab einer bestimmten Ebene der Entwicklung, wenn schon viel erlebt, erschaffen, ausgeglichen und losgelassen worden ist, wird ein Mensch die Sehnsucht nach Gott sehr deutlich in sich spüren. Er wird beginnen, sich stark für die Kraft zu interessieren, die alles erschaffen hat. Dabei kommt er vielleicht mit verschiedenen Erklärungssystemen in Berührung und wird zwei grundlegende Richtungen erkennen.

Es gibt Lehren oder Systeme, die es nicht besonders schätzen, wenn viel gefragt und gezweifelt wird. Häufig stehen dann einzelne Personen vor mehreren Menschen und die Kommunikation findet vom Experten zum Publikum hin statt, aber selten zurück. Hier steht das »Glauben« im Vordergrund.

Und es gibt Lehren, die einen dazu auffordern, Fragen zu stellen, zu zweifeln und sich selbst mit Themen auseinanderzusetzen. Lehren, die einen immer wieder auf sich selbst zurückwerfen, um einen zu gefühlten und erlebten Erkenntnissen zu bringen. Hier steht die Erfahrung bei der Suche im Vordergrund.

Aus Sicht der Seele hat dies alles seinen Platz, weil im Laufe aller Leben ohnehin jeder Weg erfahren werden wird. Niemand kann Sie an der Hand nehmen und direkt zu Gott führen. Auch ständig nur darüber zu reden, wird Sie nicht zu Gott führen. Aber Ihr Leben und Ihre Erfahrungen, all das Erkennen, Loslassen und Freiwerden werden Sie letztlich mit Ihrer Seele in Einklang bringen. Und diese Erfahrung von Einheit bringt Sie wie von selbst den Antworten zu den Fragen nach Gott immer näher.

Wie und wo finde ich Gott?

Es gibt viele Wege zu der Erkenntnis, wer oder was Gott und die Schöpfung ist. Einer liegt in diesem Augenblick vor Ihnen. Wenn Sie Gott suchen, sehen Sie dem Menschen gegenüber in die Augen. Er ist wie Sie selbst ein Teil dieser Schöpfung. Sehen Sie ihn, dann sehen Sie sich. Wenn Sie diesen Moment in seiner Ganzheit erfahren, erleben Sie Gott. Es ist wie ein Meer aus zeit- und raumlosem Bewusstsein, aus dem sich zwei Tropfen erheben, miteinander spielen, das Meer erkennen und danach wieder ins Meer zurückfallen.

Die Sehnsucht eines Sterns –
ein Seelenmärchen

Es war einmal ein Stern, der leuchtete so hell, dass er alle anderen Sterne um sich herum überstrahlte. Er war der hellste Stern am ganzen Nachthimmel. Das kam daher, dass er alles erreicht hatte, was ein Stern erreichen kann. Und dass er alles erlebt hatte, was Sterne erleben können.

Die Menschen auf der Erde sahen nach oben, staunten und riefen ihm ihre Bewunderung entgegen, und dabei leuchteten ihre Gesichter vor Freude über den schönen Anblick.

Der Stern hörte dies alles und war davon sehr berührt. Er dachte sich: Was für liebe, wunderbare Menschen. Sie mögen mich so sehr, ich glaube, ich möchte sie gerne kennenlernen.

Also beschloss der Stern, die Erde zu besuchen. Aber er musste vorsichtig sein und sich tarnen, denn er wusste, dass sein Licht die Menschen sonst blenden würde.

Deshalb nahm er die Form eines Menschen an.

Als er auf der Erde ankam, war dort alles anders, als er es sich oben vom Himmel aus vorgestellt hatte. Dort war er das hellste aller Lichter gewesen, und weil er immer in seinem eigenen Licht gelebt hatte, kam es ihm auf der Erde jetzt sehr dunkel vor.

Aber obwohl er nun in der Hülle eines Menschen steckte, konnte der Stern seine wahre Natur nicht verleugnen und leuchtete selbst durch seine neuen Begrenzungen hindurch heller als alle anderen Menschen.

Doch die meisten Menschen waren durch das Leben in der ständigen Dunkelheit blind geworden. Einige wenige spürten, dass mit dem Stern in der Hülle eines Menschen etwas anders war, aber sie wussten nicht, was es war.

Der Stern ging durch sein neues Leben und über die Verwirrung, die die irdische Dunkelheit mit sich brachte, und weil niemand sein Licht wahrnehmen konnte, vergaß er irgendwann, wer er eigentlich war und warum er gekommen war. Er wurde ein trauriger und einsamer Stern.

Doch eines Tages kamen Menschen, die waren anders. Sie konnten das strahlende Licht sehen, weil sie gelernt hatten, durch die Hülle hindurch in das Innere zu blicken. Und sie sagten: »Wie wunderschön du bist. Vielen Dank für deinen Besuch und dass du dein Licht unter uns verteilst.«

Doch der Stern war inzwischen schon so lange alleine in der trüben Welt unterwegs gewesen und er war so vielen Menschen begegnet, die sein Licht nicht sehen konnten und ihn stattdessen mit ihrer eigenen Dunkelheit eingehüllt hatten, dass er nicht mehr wusste, was er noch glauben sollte und was nicht.

Weil er aber hörte, was die Menschen sagten, die sein Inneres sehen konnten, und weil trotz allem seine Neugier noch vorhan-

den war, stellte er sich vor einen Spiegel und betrachtete sich. Er drehte und wendete sich, befühlte seine menschliche Hülle, aber er konnte nicht erkennen, was die anderen meinten. Immer wieder stand er auch in der Nacht auf, um in den Spiegel zu sehen, aber selbst da nahm er das Licht nicht wahr.

Und so kamen und gingen Menschen im Leben des Sterns, die ihm von seinem Licht berichteten, aber nichts änderte sich. Nur eines verging nie – die Sehnsucht des Sterns nach dem Licht, auch wenn er jetzt nicht mehr wusste, woher sie kam. Denn so sind Sterne nun einmal: Was auch immer geschehen mag, die Sehnsucht nach dem Licht vergessen sie nie.

Eines Tages stand der Stern vor einem Spielplatz und beobachtete die Kinder. Er bemerkte, wie sehr ihre Gesichter leuchteten, wenn sie miteinander spielten. Und wie sehr ihre Herzen strahlten. Und er dachte, wie gerne er eines von ihnen gewesen wäre. Ja, er sehnte sich so sehr danach, ein Kind in diesem Licht zu sein, dass er alles dafür gegeben hätte.

Vielleicht muss ich einfach nur meine Hülle ablegen und aus diesem Leben herausgehen, dachte er, damit ich noch einmal anfangen kann. Dann bin ich eines dieser Kinder und ich leuchte wie sie.

Während er da so stand und überlegte, wie er seine Hülle und diese Welt verlassen könnte, kam eines der Kinder zu ihm herüber gelaufen. Es war ein Junge. Er stellte sich vor den Stern und betrachtete ihn lange. Dann legte er den Kopf zur Seite und sagte: »Wir spielen Sonne, Mond und Sterne. Willst du der Stern sein?«

»Ich bin kein guter Stern«, sagte der Stern. »Ihr müsst euch jemand anders suchen.«

»Aber du musst mit uns spielen«, sagte der Junge. »Du leuchtest heller als alle anderen hier. Du bist der schönste Stern, den es gibt.«

»Woher willst denn du das wissen?«, brummte der Stern missmutig. »Du bist nicht einmal ein Sternenfachmann. Ich glaube dir nicht.«

»Man muss doch kein Sternengucker sein, um das Licht in deinen Augen zu sehen«, sagte das Kind. Aber der Stern glaubte ihm nicht. Er ließ die Kinder alleine spielen und ging nach Hause. Doch so sehr er sich bemühte, den Nachmittag zu vergessen – etwas von dem, was der Junge gesagt hatte, ging dem Stern nicht aus dem Kopf.

Am Abend, als es dunkel war, stellte er sich wieder vor den Spiegel, und dieses Mal betrachtete er nicht seine Hülle, sondern

*sah nur in seine Augen. Und während er vor dem Spiegel stand,
dachte er darüber nach, welche Dummheiten Kinder doch so von
sich gaben. Aber gleichzeitig blickte er tiefer und tiefer in seine
Menschenaugen. Und auf einmal sah er ein winziges Licht. Er
war so überrascht davon, dass er vergaß, weiterzudenken. Gleichzeitig wurde das Licht immer größer und immer heller. Je näher
das Licht kam und je größer und heller es wurde, umso mehr
Freude verspürte der Stern in seinem menschlichen Herzen, so
lange, bis er nicht mehr anders konnte.*

*Der Stern lächelte und leuchtete. Seine ganze menschliche
Hülle strahlte vor Licht und er konnte es sehen. Zum ersten Mal,
seit er auf der Erde war, erkannte er, wer er wirklich war.*

*Jetzt, wo er wieder wusste, dass er das Licht war, das den
Menschen die Dunkelheit vertrieb, freute er sich auf den kommenden Morgen und auf den Tag und auf alle Tage seines
menschlichen Daseins, die noch vor ihm lagen.*

*Denn er wusste, dass er auf die Erde gekommen war, um die
Herzen der Menschen mit Licht zu erfüllen, so wie er es früher,
von seinem Platz am Himmel aus, getan hatte.*

DRITTER TEIL

Das *Leben* lesen lernen

Praktische Wegweiser zum Lebensplan

Wenn Ihr Leben zu Ihnen »spricht«, möchte Ihre Seele, dass Sie zuhören. Je klarer Ihnen wird, welche Bedürfnisse, Wünsche und Ängste Ihr Ich hat und welche tiefen Sehnsüchte Ihre Seele hat, umso weniger werden Ihnen die Ereignisse in Ihrem Leben als Zufälle oder unerklärliche Geschicke vorkommen. Sie werden ein großes System mit einem großen Sinn dahinter entdecken. Sie werden aus den zurückliegenden Ereignissen in Ihrem Leben immer mehr logische und fast schon notwendige Zusammenhänge erkennen. Es war nicht zufällig so, es *musste* so geschehen.

Gleichzeitig werden Sie aus den Situationen und Ereignissen Ihres heutigen Lebens Rückschlüsse ziehen können, wo Sie auf der Spur Ihres Seelenplans sind und wo Sie etwas anders machen könnten. Sie lernen immer mehr, in Ihrem Leben zu lesen – wie in einem Buch.

Manchmal fällt einem dieses ganz persönliche Entdecken, Erkennen und Verstehen leichter, wenn man eine Idee von der Sprache hat, die das Leben wählt. Vielleicht helfen Ihnen die folgenden Wegweiser dabei, Ordnung in die inneren und äußeren Ereignisse zu bringen.

DIE SPRACHE IHRER SEELE

Wenn Ihre Seele Ihnen etwas sagen will, hat sie grundsätzlich zwei Möglichkeiten: Sie gibt Ihnen Signale über die Innenwelt oder Hinweise über die Außenwelt. Ihr Körper ist dabei sowohl ein Teil Ihrer Innenwelt (als Mittel, Gefühle und Gedanken zu erzeugen) als auch der Außenwelt (indem er handelt). Er stellt sozusagen eine Brücke zwischen beiden Welten dar.

Signale der Seele äußern sich also auf drei Wahrnehmungsebenen:

- Über Gefühlserlebnisse und innere Zustände (Innenwelt);

- über Signale und Reaktionen Ihres Körpers;

- durch auffällige Ereignisse im Leben (Außenwelt).

Wenn sich ein Mensch von seiner Bestimmung oder seinen Seelensehnsüchten weit entfernt hat, lebt er – aus Sicht der Seele gesehen – ein sinnloses Leben. Die Seele wird dann versuchen, dies zu signalisieren. Es werden Gefühle, Erfahrungen und Erlebnisse kommen, die darauf hinweisen, dass etwas nicht stimmt.

Wenn sich der Mensch weigert, diese Gefühle zu spüren oder die Erfahrungen anzunehmen und zu verstehen, wird das Leben den Druck erhöhen. Die Erfahrungen werden deutlicher. Der Körper reagiert deutlicher. Das Außen lenkt immer mehr dagegen. Das Leben wird immer »schwieriger«.

Wenn man nicht weiß, was geschieht, wird man versuchen, dies abzuwehren, davor fliehen oder glauben, es ginge darum, gegen die Ereignisse und Gefühle zu kämpfen. Man wird Kraft aufwenden und sich gegen die Ereignisse stemmen.

Und wieder wird das Leben den Druck erhöhen. Es wird so lange den Druck erhöhen, bis Erkenntnis stattfindet, oder es – aus Sicht der Seele – vollkommen sinnlos wird. Wenn keine Botschaft etwas genutzt hat, wenn nichts verstanden wurde, wenn kein Wachstum und auch kein wirklich neues Erlebnis mehr stattfinden kann, zieht sich die Seele zurück.

Der erste Wegweiser:
SEELEN-SIGNALE ÜBER DIE INNENWELT – WENN GEFÜHLE SICH MELDEN

Um Ihnen Hinweise zu geben, was die Seele erleben möchte, meldet sie sich bei Ihnen zunächst immer über Ihre Innenwelt. Sie erinnern sich vielleicht, dass Sie als Kind viel mehr in Ihrer eigenen kleinen Welt lebten als heute. Sie hatten Ideen und Handlungsimpulse und folgten ihnen einfach. Wenn heute eine Auszeit im Leben für Ruhe sorgt, melden sich diese Impulse oft wieder. Vielleicht haben Sie eine Idee, was Sie endlich wirklich verändern könnten und spüren, wie sie Ihnen »neuen Mut« für Ihr Leben gibt. Vielleicht spüren Sie den Auftrieb, den die Veränderung bewirkt und möchten sie voller Elan am liebsten sofort umsetzen.

Diese freudvollen Ideen und Ziele sind die Impulse, mit denen Ihre Seele Ihnen den Weg weisen möchte. Sie erinnern sich, dass in Ihnen dadurch auch Kraft und Freude entstand? Vielleicht spürten Sie sogar großes Glück in sich, schon allein deshalb, weil Sie diese tollen Ideen und Vorsätze in sich selbst gefunden hatten?

Erinnern Sie sich, welches überwältigende Grundgefühl hinter all diesen einzelnen inneren Erlebnissen und Gedanken stand?

Es war das Gefühl von Freiheit. Ein Gefühl, als gehöre Ihr Leben nur Ihnen und Sie könnten es leben, wie Sie Lust und Laune haben. Freiheit für das eigene Leben zu fühlen gibt deshalb so viel Energie, weil man spürt, dass man seinen Sehnsüchten – also den Absichten der Seele – folgen kann.

Was geschieht in Ihrer Innenwelt, wenn Sie dann zurück in Ihren Alltag kommen und nichts davon umsetzen können? Die zuvor gespürte Freude, das Glück und die neue Kraft erlöschen fast schlagartig. Und wenn Sie es sich nicht wirklich fest vorgenommen und bereits Entscheidungen getroffen haben, erlischt Ihre Kraft für das Neue vielleicht völlig. Es verschwindet einfach.

Im Alltag sind Sie enormen Kräften ausgesetzt, die Sie zurück in die alte Ordnung holen wollen. Es ist, als gäbe es einen alten Platz für Sie, in einem starren alten System, und von allen Seiten versuchten Fäden und Leinen, Sie genau an exakt diesen Platz zurückzuzerren. Diese Fäden und Leinen sind die bereits erwähnten »Bindungskräfte«.

Die große Sehnsucht Ihrer Seele ist jedoch, von solchen Bindungskräften immer freier zu werden. Das geht nicht auf einmal und nicht in einem Leben. Aber Ihr persönliches Gefühl, frei werden zu wollen, ist keine Last, es ist ein guter Wegweiser.

Innenwelt-Signale in der Praxis

Mögliche Hinweise darauf, dass Sie nicht auf Ihrer Seelenspur sind

- Zweifel an dem, was Sie tun.

- Allgemeine, unerklärliche Unzufriedenheit mit sich und dem Leben an sich.

- Konkrete, erklärbare Unzufriedenheit mit bestimmten Situationen und Menschen, ohne dass sich etwas verändert.

- Innere Unruhe und das Gefühl, irgendetwas müsste ständig getan werden, ohne genau zu wissen, was das ist.

- Äußere Unruhe, die stark gefühlt wird. Ursache dafür ist die eigene Unruhe, die damit in Resonanz geht.

Mögliche Hinweise darauf, dass Sie auf Ihrer Seelenspur sind

- Ahnungen und deutliche Gefühle, was sich gut oder schlecht anfühlt, mit späterer Bestätigung.

- Träume mit Botschaften, die auch verstanden werden oder sich bestätigen.

- Eine starke Intuition, der auch vertraut wird.

- Inneres Wissen um die Stimmigkeit in Bezug auf sich selbst und das eigene Leben.

- Die eigene Selbstsicherheit nimmt zu.

- Viele Gefühle/Emotionen verlieren an Bedeutung. Sie werden immer weniger und leiser. Es wird innerlich ruhiger.

- Das Gefühl von innerem Frieden wird immer stabiler, so als würde sich ein Raum in einem selbst vergrößern.

Gefühls-Leitfaden:
Was ist das »Lebensplan-Gefühl« der Seele?

Die Vielfalt der Gefühle ist so groß, dass man oft überfordert ist, wenn man eine Sache aufgrund eines Gefühls entscheiden soll.

Schon allein bei den »positiven« Gefühlen gibt es eine große Bandbreite, angefangen beim leisen inneren Lächeln bis hin zum euphorischen Freudensprung und zu überschäumenden Glücksgefühlen. Denken Sie nur daran, welche Gefühle man allein haben kann, wenn man etwas Tolles geleistet hat, wenn man ein Geschenk bekommt, wenn man in einer Achterbahn sitzt (falls man das liebt), oder wenn man einen Sonnenuntergang am Meer erlebt.

Wonach soll man sich also richten, wenn es darum geht, den Seelenplan zu spüren? Wenn Sie sich fragen, ob Sie lieber dies oder das oder jenes tun sollen, tauchen ganz unterschiedliche Gefühle auf. Soll man lieber der Euphorie folgen oder eher dem wissenden inneren Lächeln?

Wie sich der Plan Ihres Ichs anfühlt

Wenn es für Ihr Ich »schön« ist, freut es sich. Sie wirken begeistert oder euphorisch, das Herz hüpft, das Glück scheint überzuschäumen. Alle Gefühle, die stark nach oben gehen und sich danach auch wieder deutlich zurück an den alten Platz begeben, sind Reaktionen Ihres Ichs. Diese Gefühle sind sehr wichtige Wegweiser für den Plan Ihres Ichs, denn wenn Ihr Ich nicht erlebt, was es erleben will, kann es mit seiner Unzufriedenheit den Seelenplan erschweren.

Freude ist das Gefühl für den Plan Ihres Ichs, also folgen Sie der Freude, wo immer Sie möchten und achten Sie gleichzeitig auf das folgende Gefühl...

Wie sich der Plan Ihrer Seele anfühlt

Die Seele freut sich nicht auf die gleiche Art wie das Ich. Wenn die Seele ihren Sehnsüchten näher kommt, erfährt sie etwas, das man am besten mit »Glückseligkeit« bezeichnet. Glückseligkeit ist friedlich und glücklich und liebend zugleich. Wenn Glückseligkeit gespürt wird, werden Sie sehr ruhig und innerlich leise. Vielleicht auch etwas nachdenklich. Und Sie spüren, dass es »richtig« ist.

»Genau so ist es stimmig, so kommt alles an seinen Platz, auch wenn ich eigentlich dachte, ich sollte es anders machen.« Wenn Sie dem Plan Ihrer Seele folgen, werden Sie immer größere innere Sicherheit und Ruhe spüren. Vertrauen kommt auf. Es wird sich anfühlen, als führen Sie auf einer Schiene, auf einem klaren, geraden Weg zum Horizont. In Ihnen entstehen eine Art Unangreifbarkeit und ein unerschütterliches Wissen.

Der zweite Wegweiser:

SEELEN-SIGNALE ÜBER DEN KÖRPER – WENN KRANKHEIT UND GESUNDHEIT ZEICHEN SETZEN

Alle körperlichen Auffälligkeiten bis hin zu Krankheiten haben immer einen äußeren Grund und einen inneren Grund. Der äußere Grund ist der, den man bei einer Untersuchung feststellen kann. Es ist überaus wichtig, diesen körperlichen Grund medizinisch untersuchen und behandeln zu lassen. Gleichzeitig denken immer mehr Menschen, die in Heilberufen tätig sind, ganzheitlich und versuchen, auch den inneren Grund für die Ursache einer Krankheit zu erkennen.

Sie selbst können bei dieser Suche am besten mithelfen, denn niemand kann so gut in Sie und in Ihr Leben hineinsehen wie Sie selbst. Vertrauen Sie Ihrer Fähigkeit, die Wahrheit zu erspüren und große Zusammenhänge zu erkennen. Ihre Seele will nichts lieber als dies, deshalb wird sie Ihre Bemühungen unterstützen.

Mathews Entscheidung

Mathew, ein Anwalt aus Kalifornien, war Anfang dreißig, als man bei ihm eine seltene Form von Krebs im Gehirn feststellte. Es war die am schnellsten wachsende Tumorart, die im Gehirn vorkommt, und der Tumor saß an einer Stelle tief im Inneren, die eine Operation unmöglich machte. Nachdem Mathew mehrere unabhängige Meinungen eingeholt hatte, die alle auf die Aussage hinausliefen, er habe allenfalls noch zwei Monate zu leben, brach er sofort seine Arbeit ab. Er packte einen Koffer, nahm seine Befunde und die Bilder aus der Computertomografie und reiste zu einem alternativen Heilzentrum nach Brasilien.

Als studierter Jurist war Mathew ein überaus rationaler Mensch und seine Schlussfolgerung nach all den Untersuchungen und der Vorhersage seiner Lebenserwartung war: Wenn ich ohnehin ganz sicher bald sterbe, kann ich mir zuvor auch noch alternative Heilmethoden ansehen.

Ein wesentlicher Teil der Behandlungsmethode in dem Heilzentrum bestand in der Meditation, also in der inneren Einkehr, um den Kontakt zur Seele wiederherzustellen. In Mathew lief dabei sein bisheriges Leben wie in einem Zeitraffer ab. Immer wieder tauchten die Situationen auf, in denen er nicht nach seinem Gefühl gehandelt hatte, sondern danach, was von ihm erwartet wurde. Da waren der Großvater und der Vater, beide erfolgreiche Anwälte, die nichts lieber sahen als einen Nachfolger in ihren

Fußstapfen. Er erinnerte sich, wie er bereits in jungen Jahren seine Pläne, ein Künstler – Maler oder Musiker – zu werden, aufgab, weil man ihn dafür verspottet hatte.

Mathew saß insgesamt drei Wochen jeden Tag viele Stunden in dieser inneren Versenkung. Die übrige Zeit lag er in einem winzigen Zimmer auf dem Bett und schlief oder ging in der Natur spazieren.

»Wenn ich doch noch die Chance bekomme, weiterzuleben, werde ich sofort alles ändern«, dachte er. »Ach was, ich habe bereits alles geändert. Ich habe meine Stelle gekündigt und bin – gegen alle Widerstände meiner Familie – hierher gefahren. Ich werde nie wieder etwas tun, was gegen mein Gefühl ist, wenn ich das Geschenk bekommen sollte, weiterleben dürfen.«

Das war Mathews Entschluss. Nach drei Wochen flog er zurück nach Kalifornien und ließ sich erneut untersuchen. Der behandelnde Arzt war von der neuen Kernspinaufnahme völlig überrascht, weil sie eigentlich unmöglich stimmen konnte: Der Tumor in Mathews Kopf war auf ein Drittel seiner vorherigen Größe geschrumpft.

Mathew genügte dieser Befund. Innerhalb von zwei Wochen löste er alles auf, was mit seinem bisherigen Leben zu tun gehabt hatte, und flog, nur mit drei großen Koffern bestückt, zurück nach Brasilien. Er mietete sich ein kleines Zimmer und besuchte jeden Tag die Meditations- und Heilsitzungen. »Wenn ich jeden Tag meditieren soll, damit ich am Leben bleibe, werde ich genau das tun«, sagte er sich.

Nach etwa drei Monaten freundete er sich mit einer jungen

brasilianischen Frau an, die im Heilzentrum arbeitete. Die beiden verliebten sich ineinander und kurz darauf zogen sie zusammen in ein kleines Haus am Ortsrand. Mathew begann seiner neuen Frau bei ihren Aufgaben zu helfen und bald darauf bekam er ebenfalls eine kleine Arbeitsstelle. Die beiden verdienten nicht viel, aber es reichte für das Häuschen und ein einfaches Leben. Nach einem Jahr heiratete Mathew seine Partnerin. Nach drei Jahren zogen sie in ein größeres Haus um, weil sie einen Sohn bekamen.

Wenn Mathew heute durch den kleinen Ort irgendwo in der Mitte Brasiliens spaziert, nehmen ihn die anderen Menschen als genau das wahr, was er ist: als einen glücklichen und zutiefst dankbaren Menschen, der jeden Tag seines Lebens zu schätzen weiß.

»Das ist der größte Fehler
bei der Behandlung von Krankheiten,
dass es Ärzte für den Körper
und Ärzte für die Seele gibt,
wo beides doch nicht getrennt werden kann.«

PLATON
Griechischer Philosoph und Gelehrter
* 427 v. Chr., † 347 v. Chr.

Körper–Signale in der Praxis

Nicht jede Krankheit ist ein Signal oder eine konkrete Aufforderung. Und schon gar nicht bedeutet eine Krankheit, dass man etwas »falsch gemacht« hat. Es gibt viele Ursachen dafür, wenn der Körper aus seinem Gleichgewicht kommt. Doch manchmal stecken hinter körperlichen Signalen auch klare Botschaften, die sogar von Außenstehenden auf gleiche Weise wahrgenommen werden. Manchmal verstehen die Betroffen sogar die Botschaft der Seele, aber sie verändern dennoch nichts

Stellen Sie sich vor, Sie wären Ihre Seele und müssten dem Menschen, in dessen Körper Sie wohnen, zeigen, dass er auf der falschen Spur ist... Was würden Sie tun, wenn Sie nur Gefühle und Ereignisse als Sprache verwenden dürfen?

Vielleicht würden Sie sich zuerst ganz leise und vorsichtig melden und im Laufe der Zeit – falls Sie nicht gehört werden – immer lauter werden? Und vielleicht würden Sie, falls es sich anbietet, sich an Körperstellen melden, die irgendwie mit Ihrer Botschaft zu tun haben, in der Hoffnung, es würde verstanden werden?

Wenn die Seele über den Körper spricht, gibt es oft eine klare und logische Abfolge. Die Meldungen werden – wenn sie übersehen oder überhört werden – immer deutlicher. Sie werden »spürbarer«. Falls Ihnen also zu körperlichen Auffälligkeiten auch Impulse kommen, dass Sie etwas verändern sollen, folgen Sie ihnen. Bitte beachten Sie gleichzeitig unbedingt: Jede Art von körperlicher Störung erfordert immer auch die Begutachtung oder

Behandlung durch einen Facharzt. Wenn man den Körper und bestimmte Symptome als Sprache besser verstehen will, bedeutet dies nicht, dass man seine Beschwerden unbesehen und unbehandelt lässt und darauf hofft, dass sie verschwinden, wenn man etwas verstanden hat. Es geht hier darum, ob man über eine Erscheinung am Körper einem Lebensthema auf die Spur kommen kann. Selbst wenn dies der Fall ist, muss die Erscheinung dennoch unbedingt fachlich kompetent untersucht und behandelt werden.

Hinweise darauf, dass Sie nicht auf Ihrer Seelenspur sind

Immer wenn Sie zu einer Krankheit oder einem körperlichen Symptom das Gefühl bekommen, dass Sie endlich etwas an Ihrem Leben verändern sollten, damit es Ihnen besser geht, gehen Sie diesen Hinweisen nach. Ihre Intuition gibt Ihnen dann bereits klare Botschaften. Behandeln Sie die Krankheit medizinisch fachgerecht und nutzen Sie gleichzeitig die Erkenntnis für einen Veränderungsschritt. Achten Sie so früh wie möglich auf Hinweise durch Ihren Körper. Wenn ein völlig überlasteter Manager einen Herzinfarkt bekommt und kurz darauf weiterarbeitet wie zuvor, hört er das Signal nicht. Wenn Ihr Körper durch eine einseitige Arbeit abgenutzt wird und schmerzt, ist dies vielleicht ein Hinweis darauf, dass eine andere Art von Arbeit erlebt werden will.

Tatsächlich spürt man die Hinweise manchmal früh und die Botschaften werden schnell klar, wenn man wirklich bereit ist, hinzusehen.

● Dem Plan der Seele zu folgen bedeutet nicht automatisch, immer gesund zu sein. Es geht vielmehr darum, immer mehr die Botschaften hinter den körperlichen Symptomen zu erkennen. Das heißt auch, eine Krankheit oder ein Symptom nicht als Strafe, sondern als einen Teil des Seelenplans zu sehen.

● Eine neue Form der Achtsamkeit entsteht in Ihnen. Was immer Ihr Körper an Signalen sendet: Sie hören hin. Sie verstehen, dass es Zusammenhänge zwischen Ihrem Lebensweg und Ihrem körperlichen Zustand geben könnte. Zeigt sich ein Symptom, wird Ihr erster Impuls nicht sein, es sofort nur abstellen zu wollen, sondern zu prüfen, ob es einen Hinweis für Sie enthält. Erst danach folgt die Beschäftigung mit der »Reparatur«.

● Ein natürliches inneres Verhältnis zu Ihrem Körper tritt ein. Sie werden weniger versuchen, Ihren Körper zu etwas zu zwingen und mehr spüren, was er braucht und was ihm tatsächlich guttut. Sie werden von alleine – ohne Vorsätze und Zwang – immer mehr von dem unterlassen, was ihm schadet.

● Sie werden Ihren Körper wie einen Freund sehen und nicht als einen Zustand, mit dem man unzufrieden ist und gegen den man arbeiten muss. Was Sie aktiv für Ihren Körper tun, leitet sich aus diesem Gefühl heraus ab. Sie zwingen ihn nicht, Sie pflegen und achten ihn.

● Wenn sich Unwohlsein oder Krankheit anbahnt, werden Sie die Anzeichen nicht übergehen, nur um weiterhin zu funktionieren. Sie werden versuchen, den Hinweis zu verstehen und ihm folgen. Vielleicht erkennen Sie, dass Ihre Seele Ihnen eine Auszeit zum Spüren und Nachdenken verschaffen will. Sie werden Ihrem Körper die Aufmerksamkeit schenken, die er zur Gesundung braucht, und danach werden Sie etwas an Ihrer Situation ändern.

Der dritte Wegweiser:
SEELEN-SIGNALE ÜBER DIE AUSSENWELT – WENN DAS LEBEN SPRICHT

Viele Menschen sind von ihrem Leben in der Außenwelt, vom Denken und Handeln, so sehr gefordert, dass ihnen für ihre Innenwelt kaum oder keine Zeit bleibt. In diesem Fall muss die Seele den Weg über die Außenwelt nehmen, um mit ihnen zu kommunizieren. Dabei kann die Seele keinen direkten Einfluss nehmen und diesen Vorfall erzeugen oder jenen Menschen beeinflussen. Sie kann nicht handeln und damit etwas bewirken, denn das ist die Welt des Verstandes und des Körpers. Dennoch sorgt das »Konstruktionsprinzip Mensch« von selbst dafür, dass die Außenwelt reagiert, wenn sich die Seelenkräfte melden.

Das, was Sie sind, steht in untrennbarer Verbindung zu der Umwelt, in der Sie leben. Ihre Innenwelt (die Gefühle und Gedanken) ist über Ihren Körper mit dieser Realität verbunden. Wenn Ihre Seele Ihnen etwas mitteilen will, nutzt Sie zuerst immer den direktesten Weg über die Innenwelt. Sie nehmen das als Ahnungen und Ideen wahr, die Sie wie einen spontanen Impuls in sich spüren: *Das ist eine gute Idee. Dies sollte ich unbedingt erledigen. Das muss ich schnellstens in Ordnung bringen. Diesen Menschen würde ich gerne ansprechen. Dieses Erlebnis möchte ich unbedingt erleben.*

So etwas sind klare Botschaften. Doch gleich danach kommt der Verstand und lässt diese Botschaften durch bestimmte Filter laufen. Der Impuls muss sozusagen eine Reihe von Prüfungen bestehen und all diese Prüfungen haben mit den Ängsten und Programmen des Ichs zu tun. *Lieber nicht! Was wird er/sie davon halten? Und wenn ich zurückgewiesen werde? Was, wenn die Sache schiefgeht?* Am Ende schaffen es dann vielleicht nur ganz wenige Seelenimpulse, durch die Maschen des Sicherheitsnetzes zu dringen.

Was aber geschieht mit den Signalen, die den Verstand nicht passieren dürfen, weil zu viele Ängste oder Bedenken vorhanden sind? Was ist mit all diesen »ungelebten Sehnsüchten«? Sind sie verschwunden, nachdem der Verstand sie verworfen hat? Oder holt die Seele sie sich einfach zurück und gibt dann Ruhe?

Tatsächlich verschwinden diese Impulse nicht, weil sie – wie auch die Seele selbst – ein Bestandteil Ihres Systems sind. Nun kann es zwar sein, dass der Verstand beschließt, sie nicht hören zu wollen, aber dennoch wirken diese Sehnsüchte sowohl in Ihrer Innenwelt als auch nach außen. Wie immer, wenn ein Gefühl oder eine Sehnsucht unterdrückt wird, braucht es dazu Gegenkräfte, die vom Verstand erzeugt werden.

Einfach gesagt: Die Seele möchte etwas und der Verstand will genau das nicht. Was geschieht dann in der Innenwelt? Richtig: Unklarheit. Chaos. Unstimmigkeit. Kampf. Hochs und Tiefs. Angriff und Verteidigung. Entschlusskraft und Zweifel. Der Verstand mag glauben, durch seine Entscheidung wäre alles klar. Doch eine Ebene tiefer arbeiten die Kräfte gegeneinander.

Die Außenwelt wird beeinflusst
durch Ihre Welt im Inneren.
Ereignisse und Menschen werden
angezogen oder ferngehalten
von dem, was Sie sind
und nicht von dem, was Sie denken
oder was Sie gerne hätten.

Innen wie außen – der Spiegel der Kräfte

Wenn in Ihrem Innenleben die Kräfte miteinander ringen, können Sie beobachten, dass in Ihrem Außenleben die Kräfte ebenfalls miteinander zu ringen beginnen. Einerseits werden Ihnen die Menschen in Ihrem Leben immer »ungeordneter« und schwerer zu verstehen vorkommen, oder Sie sind schnell genervt. Andererseits werden auch die Ereignisse in Ihrem Leben – dramatisch ausgedrückt – immer »chaotischer«. Die Ereignisse und Sie selbst stehen in Beziehung zueinander. Vieles, was geschieht, können Sie tatsächlich als Hilfe zur Erkenntnis verwenden.

Wenn hingegen ein Mensch seinem Seelenplan folgt, kann das Leben ebenfalls sehr lebendig sein, aber es wird nicht chaotisch, bedrohlich oder gar gefährlich werden. Das Leben wird sich bewegen und fließen, aber es wird nicht »drohen«.

 ## Praxisübung: die geheime Sprache entdecken

Um es Ihrem Verstand einfacher zu machen, die Signale des Lebens in der Außenwelt zu erkennen, können Sie sich vorstellen, das Leben würde »zu Ihnen sprechen«. Tun Sie so, als gäbe es eine Geheimsprache und Ihre Aufgabe wäre es, den Code zu entschlüsseln. Dann können Sie sich zum Beispiel fragen: Was will diese Situation mir sagen? Wie fühlt es sich an? Bin ich eigentlich auf meiner Spur? Was könnte mein Leben mir gerade mitteilen wollen? Was soll ich wohl tun? Weil das auf Anhieb nicht immer leichtfällt, helfen Ihnen vielleicht die folgenden beiden Fragen:

- Was soll losgelassen werden?
- Was soll erreicht werden?

Was soll losgelassen werden? – innerlich oder äußerlich?
Manchmal besteht die Aufgabe darin, etwas in Ihrer Außenwelt gehen zu lassen, also zuzulassen, dass es aus dem Leben verschwindet. Das können Menschen sein, Gegenstände, Berufe oder anderes.

Manchmal besteht die Aufgabe darin, etwas in Ihrer Innenwelt loszulassen: beispielsweise Ideen, Ziele, Überzeugungen, Gefühle, Bilder, die man sich über sich selbst oder andere gemacht hat.

Wenn Sie um die Unterscheidung von Innenwelt und Außenwelt wissen, können Sie besser herausfinden, wo die Wahrheit für Sie liegt. Nehmen Sie Ihr Thema – zum Beispiel die Beziehung zu einem bestimmten Menschen – und fühlen Sie in sich hinein, während Sie sich die folgende Frage stellen. Dann werden Sie die Antwort ebenfalls in sich klingen hören.

Was genau soll losgelassen werden:

- Die Beziehung zu diesem Menschen oder nur die Überzeugung, die Sie bezüglich dieses Menschen und Ihrer Art der Beziehung haben? Beides kann richtig sein. Spüren Sie hinein.

- Die ganze Wohnung oder nur die Art, wie Sie sie betrachten oder wie Sie sich eingerichtet haben?

- Ihre berufliche Arbeit oder Ihre Idee darüber, wie oder was Ihre Arbeit sein sollte? Oder wie sich die Kollegen verhalten sollten?

Was soll erreicht werden?

Oft ist einem klar, wohin man sein Leben steuern will. Man hat Wünsche und Ziele. Auf jeden Fall weg von dem, was gerade geschieht und hinein in eine neue Zukunft.

Manchmal kennt man das Ziel nicht genau, aber man weiß zumindest sicher, dass in der Zukunft etwas wartet. Man hat dann das Gefühl, es ginge darum, den Nebel zu durchdringen, um das neue Ziel zu sehen, aber es klappt einfach nicht. Etwas, das sich vielleicht wie eine Art Schleier anfühlt, verhindert die Sicht und das Vorankommen.

Dieses »Etwas« ist die Aufgabe, die Ihr Leben dem neuen Ziel vorgeschaltet hat. Meist ist es etwas Altes, das losgelassen werden muss. In diesem Fall haben Sie zwar das Gefühl, etwas aktiv erreichen zu wollen, aber Sie haben den Schritt davor – das Alte loszulassen – ausgelassen.

Außenwelt-Signale in der Praxis

Hinweise darauf, dass Sie nicht auf Ihrer Seelenspur sind

- Soziale Probleme nehmen zu, Konflikte mit anderen Menschen häufen sich.

- Beziehungen laufen eher chaotisch ab und können nicht lange gehalten werden.

- Es häufen sich immer mehr überflüssige Gegenstände an und die materielle Übersicht geht irgendwie verloren.

- Immer häufiger taucht das Gefühl auf, die Kontrolle über das eigene Leben zu verlieren und es einfach nicht mehr zu schaffen.

- Materielle Verluste häufen sich (verlorene Gegenstände, Vermögensverlust, Geldprobleme).

- Missgeschicke und kleinere Unfälle nehmen zu.

- Lebensbedrohliche Ereignisse oder Unfälle können das Leben erschüttern und gleichzeitig ein Hinweis sein (dramatische Unfälle oder Krankheiten wie in der Geschichte von Isabella und den Fahrradsignalen).

Hinweise, dass Sie auf Ihrer Seelenspur sind

- *Synchronizitäten nehmen zu.* Ein besonders auffälliger und gleichzeitig sehr angenehmer Hinweis, dass Sie Ihrem Seelenplan folgen, ist die deutliche Zunahme von *Synchronizitäten.* Damit bezeichnet man auffällige Ereignisse, die miteinander ganz offensichtlich in einem Zusammenhang stehen, obwohl rein äußerlich betrachtet kein greifbarer oder logisch erklärbarer Grund festzustellen ist. Es sieht aus wie ein Zufall, aber Sie spüren ganz deutlich eine Art »inneren Zusammenhang« der Ereignisse.

Synchronizitäten sind deshalb ein so guter Hinweis für die Stimmigkeit der aktuellen Lebensspur, weil sie Ihre persönliche Veränderung auf zwei Ebenen gleichzeitig widerspiegeln. Zum einen fallen Ihnen von außen einfach immer mehr freudvolle »Rückenwindereignisse« zu, weil Sie auf der Spur sind, die Ihre Seele erfreut. Zum anderen sind Ihnen diese Ereigniszusammenhänge auch bewusst, und Sie spüren mit jeder Faser Ihres Seins, dass Ihre inneren Veränderungen in direktem Zusammenhang mit den äußeren Veränderungen stehen.

Dieses Gefühl ist in etwa so, als würde man in seinem Leben ein kleines oder großes Wunder nach dem anderen erleben. Und man spürt, dass diese Wunder irgendwie mit einer Entwicklung im eigenen Inneren, mit Erkenntnissen und Entscheidungen zu tun haben. Sychronizitäten sind keine unerklärlichen Wunder, sondern sie weisen darauf hin, dass Sie gerade einen Bewusstseinssprung erleben.

Synchronizitäten zeigen sich zu Beginn oft in ganz einfacher Form: Sie haben zum Beispiel vor, jemanden anzurufen und er meldet sich zuerst. Sie suchen etwas, das Sie dringend brauchen und plötzlich stehen Sie unerwartet davor. Sie planen eine größere Veränderung, wie zum Beispiel einen Umzug, und jemand bietet Ihnen unerwartet eine passende Wohnung an. Sie suchen eine Erklärung für eine wichtige Lebensfrage und plötzlich halten Sie ein Buch mit den passenden Antworten in Ihrem Händen.

Synchronizitäten nehmen zu, je mehr Sie sie bemerken und darauf vertrauen. Deshalb kann es eine hervorragende Unterstützung für Sie sein, eine Art »Tagebuch der Auffälligkeiten« zu führen. Es ist dann, als würden die Zahnräder eines unsichtbaren Uhrwerks im Hintergrund zunehmend zum Leben erwachen.

Sie kündigen eine unpassende Stelle, ohne eine neue zu haben, und noch ehe Sie wirklich ganz ohne Arbeit sind, kommt ein passendes Angebot. Oder jemand in Ihrem Umfeld hat ein Problem und Ihnen wird die Lösung in den Schoß gelegt, so dass Sie sie weitergeben können. Oder aber es geschieht ein scheinbares Unglück, das sich kurz darauf als Segen herausstellt.

Wenn solche ungewollten und ungeplanten Erfahrungen in Ihrem Leben zunehmen, ist das ein guter Hinweis dafür, dass Sie auf der richtigen Spur sind.

- *Der »Flow« nimmt zu.* Die Ereignisse Ihres Lebens ziehen Sie mit sich, ohne dass Sie mit den Ereignissen kämpfen müssen. Es fühlt sich an, als würden Sie ohne Widerstand mit dem Fluss Ihres Lebens fließen. Diesen Zustand bezeichnet man als *Flow* (Fluss).

Verschiedene Untersuchungen haben ergeben, dass Menschen, die außergewöhnlich erfolgreich und zugleich zutiefst erfüllt leben, trotz großer individueller Unterschiede einige klare Gemeinsamkeiten haben.

Im Wesentlichen sind es die folgenden neun Faktoren, die den Zustand des *Flow* fördern.

Im freudvollen Fluss des Lebens: Neun wichtige Hinweise

Der erste *Flow*-Faktor: Bekenntnis

Unsere Überzeugungen prägen unser Leben. Viele dieser Überzeugungen entstehen unbewusst im Laufe vieler Lebensjahre voller Erfahrungen und damit verbundener Freude und Leid. Nahezu alle spirituellen Lehren setzen die Bewusstheit über das eigene Denken und Handeln aus gutem Grund ganz oben an, wenn es um die Einleitung von Veränderungen geht. Nur wenn wir wissen, was wir tun, denken und wirklich wollen, haben wir die echte Möglichkeit, uns frei zu entscheiden.

Ein ehrliches Bekenntnis zu oder gegen etwas ist ein starker Ausdruck der Absicht. Es bedeutet Klarheit, und Klarheit wirkt wie ein Magnet.

Das Bekenntnis zu sich selbst. Das aus tiefem Herzen kommende Bekenntnis, im Äußeren wie im Inneren wirklich wachsen zu wollen, selbst wenn dies bedeuten mag, im Leben Veränderungen vorzunehmen, ist eine wesentliche Grundlage, damit neue Ereignisse auch auf einen wirken können. Starre innere Haltungen des Bewahrens und Schützens wirken wie Mauern gegen die Kräfte des *Flow*.

Das Bekenntnis zu anderen. Eine liebevolle oder zumindest verständnisvolle Haltung gegenüber anderen Menschen und allem Leben fördert das eigene Wachstum deutlich. Sich von Erwartungen an andere und vom Beurteilen und Verurteilen zu lösen, verschafft innere Freiheit und öffnet Kanäle für die Kraft des *Flow*. Jeder Mensch, der einem begegnet, ist ein Lehrer, ganz gleich, wie man zu ihm stehen mag.

Das Bekenntnis zu einem größeren Ganzen. Mit der Überzeugung, dass alles im Leben einen Sinn hat – sowohl im persönlichen als auch im großen Rahmen – und selbst dann, wenn man ihn im Moment nicht verstehen mag –, öffnet man sich für immerwährendes Lernen und Wachsen.

Frage: *Bekenne ich mich klar dazu, dass ich wachsen will und ziehe ich Konsequenzen, wenn etwas/jemand mich daran hindert?*

Der zweite *Flow*-Faktor: Aufrichtigkeit

Nach dem Resonanzgesetz reagiert die Umwelt auf das, was man ausstrahlt. Eine klare Ausstrahlung entsteht durch Aufrichtigkeit gegenüber sich selbst und anderen in jeder Situation. Wer als Persönlichkeit »echt«, also ehrlich, integer und authentisch ist und handelt, zieht die Ereignisse an, die zu ihm passen und die Verwirklichung seines höheren Lebensplans fördern. Ein Hindernis dabei ist manchmal das Bedürfnis, »es allen recht machen« zu wollen. Sich weniger vom Urteil anderer abhängig zu machen, bedeutet letztlich, sich weniger selbst zu verleugnen. Authentisch zu sein hat nichts mit Unhöflichkeit oder Egoismus zu tun.

Frage: *Bin ich bereit, meine Integrität zu leben und nach außen hin klar zu zeigen, selbst wenn dies das Risiko birgt, gelegentlich abgelehnt zu werden?*

Oft gibt es einen deutlichen Unterschied zwischen dem, was man sagt, und dem, was man fühlt. Wenn man nicht sofort reagiert, sondern kurz innehält, in sich hinein lauscht und sich bewusst wird, was man gerade fühlt, werden die folgenden Worte viel besser die eigene Persönlichkeit widerspiegeln und deshalb auch passendere Resonanzen in der Realität erzeugen.

Der dritte *Flow*-Faktor: Mut

Mit Mut ist hier nicht gemeint, waghalsige Sportarten auszuüben oder sich in Grenzerfahrungen zu begeben. Gemeint ist der Mut dazu, gewohntes, komfortables und scheinbar sicheres Terrain zu verlassen, seiner Intuition zu folgen und sich für den höheren Plan zur Verfügung zu stellen.

Frage: *Wäre ich bereit, alle bisherigen (Lebens-) Pläne, Routinen und Werdegänge über den Haufen zu werfen, wenn sich eine neue gute Chance für Erlebnis, Wachstum, Erfolg und Erfüllung ergäbe?*

Übung: Sehnsucht leben. Was wollten Sie schon lange gerne einmal tun, aber es gab immer wieder genügend Gründe, es zu verschieben: Zeit, Geld, Verpflichtungen, die Meinung anderer...? Gerade wenn der Verstand immer wieder eine bestimmte Sehnsucht unterdrücken will, kann es ein großer Erfahrungsschritt sein, entgegen allen Argumenten der Sehnsucht zu folgen.

Der vierte *Flow*-Faktor: Leidenschaft (Hingabe)

Die Fähigkeit, etwas mit Begeisterung zu tun, sich intensiv mit etwas zu beschäftigen, auch dann, wenn es keine materiellen Vorteile bringt, weckt enorme *Flow*-Kräfte. Was bedeutet Ihnen am meisten in Ihrem Leben? Das ist Ihre Leidenschaft!

Frage: *Wofür könnte ich mich so sehr einsetzen, dass es für mich wichtiger ist als alles andere im Leben?*

Wenn es nichts gibt, was Ihnen im Augenblick als wirkliche Leidenschaft in den Sinn kommt, können Sie sich die Frage immer wieder stellen und auf die Suche danach gehen. Vielleicht gab es in der Kindheit solche Leidenschaften und Sie haben sie aus den Augen verloren?

Der fünfte *Flow*-Faktor: Gegenwärtigkeit

Da alles, was geschieht, immer nur in diesem Augenblick stattfindet, nimmt man umso mehr daran teil, je mehr man im Hier und Jetzt präsent ist.

Planen: Ja.

Aus Erfahrungen lernen: Ja.

In der Vergangenheit verhaftet sein: Nein.

Im Zustand dieser besonders intensiven Wachheit nimmt man auch die Möglichkeiten, die einem jetzt gerade geboten werden, viel besser wahr. Verbunden zu sein mit dem Jetzt bedeutet verbunden zu sein mit dem eigenen Leben.

Frage: *Lasse ich mich von meinen Gedanken in die Vergangenheit und Zukunft ziehen, oder richte ich meine Aufmerksamkeit immer wieder unermüdlich auf die Fülle des Augenblicks aus?*

Der sechste *Flow*-Faktor: Offenheit

Das Leben bietet uns eine Fülle von Möglichkeiten für Erfolg, Glück und Wachstum. Für diese Möglichkeiten offen zu sein, beseitigt die Mauern aus negativen Erfahrungen, Vorurteilen und Ängsten zwischen dem Leben und uns.

Frage: *Kenne ich meine Schwachstellen und Ängste, beobachte ich sie und bemerke ich, wenn sie auf meine Entscheidungen Einfluss nehmen?*

Manche Menschen begrüßen ihre urteilenden Gedanken und angstvollen Gefühle bei ihrem Eintreffen wie einen guten Freund und geben ihnen damit vollständige und liebevolle Aufmerksamkeit. Häufig verlieren sie allein dadurch schon an Einfluss. Da Entscheidungen Klarheit bedeuten und Klarheit die Realität prägt, kann man zum Beispiel beim Heraufziehen von Vorurteilen, Bedenken, Ängsten und anderen negativen Gefühlen wiederholt die Entscheidung (innerlich oder laut) aussprechen: »Ich nehme dich wahr, aber ich wähle die Offenheit.«

Der siebte *Flow*-Faktor: (Empfangs-)Bereitschaft

Das Universum, das Göttliche, unsere Seele – oder wie immer es der Einzelne nennen mag – spricht ständig auf verschiedenen Kanälen zu uns. Wer auf seine innere Stimme hört und die Außenwelt aufmerksam beobachtet – speziell die Synchronizitäten –, kann diese wertvollen Hinweise nutzen, um in den Fluss des Lebens zu kommen.

Frage: *Achte ich auf leise Hinweise im Lärm meiner Umgebung, oder bin ich meistens abgelenkt?*

Der achte *Flow*-Faktor: Wertschätzung

In allem den Wert zu erkennen und zu schätzen und mit diesen Erkenntnissen zu wachsen; das Negative zur Kenntnis zu nehmen, aber sich nicht darin zu verlieren; Lösungen zu suchen statt Probleme zu wälzen; Menschen nicht nach Fehlern zu beurteilen, sondern danach, was man von ihnen lernen kann...

Es gibt unzählige Möglichkeiten, wie man seinem Leben immer wieder positive, stärkende Aspekte abgewinnen kann.

Frage: *Suche ich aktiv neue Erlebnisse und Erkenntnisse, oder fürchte ich sie?*

Jeder Augenblick, jedes Ereignis des Lebens kann zur Übung werden, denn es geht darum, seine Grundhaltung zu allem, was geschieht, mit Dankbarkeit und Freude über das Leben zu erfüllen. Manchen Menschen hilft dabei eine eher spielerische Sichtweise: »Wenn ich mehr bin als mein Körper und meine Gedanken, dann ist dieses Leben ein Spiel meiner Seele, mit dem sie Erfahrungen sammeln will. Ich bin das Werkzeug und gleichzeitig der Spieler. Welche wunderbaren Erfahrungen darf ich also heute erleben?«

Der neunte *Flow*-Faktor: Vertrauen

Der Faktor, der die Kraft des *Flow* praktisch wie ein Schalter ein- oder ausschalten kann, ist das Vertrauen. Ohne Vertrauen zum Leben, zu sich selbst als göttlichem Wesen, zu einem übergeordneten Sinn, zu einer höheren Führung, zu Gott oder wie immer man es nennen mag, ist der Fluss aus Leichtigkeit, Erfolg und Erfüllung unterbrochen. Vertrauen ermöglicht es, sich ohne Angst in unbekanntes Terrain des Lebens vorzuwagen. Kein Vertrauen zu haben bedeutet, am eigenen Leben und dessen Sinn zu zweifeln.

Frage: *Misstraue oder vertraue ich (grundsätzlich bzw. gerade) meinem eigenen Leben?*

Wenn Sie eine Entscheidung treffen müssen, die Mut erfordert oder viel verändern wird, stellen Sie sich diese Frage. Durch diese Art von Bewusstheit entlarven Sie das durch den Verstand und seine Ängste aufgebaute Misstrauen. Sie werden sich Ihres wahren Gefühls bewusster und werden im Laufe der Zeit zunehmend Vertrauen zu Ihrer inneren Führung gewinnen.

Im Fluss des Lebens zu fließen, ist die pure Freude. Menschen, die den *Flow* verstärken wollen, richten ihr Leben so weit wie möglich darauf ein. Sie schaffen Raum für Spontaneität, suchen neue Erlebnisse und Kontakte zu anderen Menschen, reißen alte Mauern nieder und bauen neue Brücken – kurz gesagt, sie verschaffen ihrem Leben möglichst viele Chancen, um mit Neuem auf sie zuzukommen. Vielleicht fragt man sich künftig bei Entscheidungen – zusätzlich zu all den anderen Aspekten, die man ohnehin schon mit einbezieht: Ist meine Entscheidung *Flow*-freundlich?

SCHLUSSWORT

Auf Ihrer Reise können Sie keine Fehler machen, Sie können es nicht absichtlich »richtig« oder versehentlich »falsch« machen, denn alles, was Sie gerade erleben und entscheiden – auch das, was Sie vielleicht als Fehler empfinden –, *ist* die Reise. Es *ist* der Sinn.

Wann immer Sie also eine Entscheidung treffen – ganz gleich, was später daraus wird – es ist die beste Entscheidung, die Sie in diesem Moment treffen können. Sie ist einfach nur das Ergebnis dessen, wer und was Sie in diesem Moment gerade sind.

Wenn Sie Ihrer Seele helfen möchten, finden Sie heraus, wonach sie sich wirklich sehnt, und versuchen Sie dem mehr nachzugehen. Wenn Ihnen das nicht klar ist, entfernen Sie als Erstes alles aus Ihrem Leben, was ganz sicher nicht mehr zu Ihnen gehört. Lieber mehr als weniger. Damit erschaffen Sie wichtigen Freiraum. Wägen Sie weniger ab und folgen Sie mehr Ihrer Lust aufs Leben. Spüren Sie die Impulse in sich und nutzen Sie die Kraft Ihres Verstandes und Körpers, um sie in die Tat umzusetzen, wann immer es geht.

Durchfühlen Sie Ihre Gefühle und Emotionen bis zum Ende, denn dahinter liegt der Frieden, den Sie suchen. Wehren Sie sich nicht dagegen, sonst wehren Sie sich gegen sich selbst. Gefühle und Gedanken kommen und gehen. Wenn Sie sich vorstellen, dass Sie sich dafür »durchlässig« machen, setzen Sie dem, was ohnehin durch Sie fließen will, keinen Widerstand mehr entgegen. Sie bemerken, dass Gefühle Sie durchfließen möchten und Gedanken auftauchen und verschwinden, und gleichzeitig machen Sie mit Ihrem praktischen Leben weiter. Ihr System als Mensch ist so gebaut, dass beides parallel stattfinden kann, wenn der beobachtende Teil in Ihnen aktiv ist. Dann wissen Sie, dass Sie nicht diese Gefühle und Gedanken sind, sondern dass Sie in Wahrheit Ihre Seele sind.

Bleiben Sie nicht stehen, frieren Sie Ihr Leben nicht ein. Verändern Sie. Riskieren Sie. Räumen Sie auf. Lassen Sie los und erschaffen Sie neu. Immer wieder. Wenn Sie müde sind, ruhen Sie sich ein wenig aus. Und dann stehen Sie auf und leben Ihr Leben weiter, so gut es Ihnen möglich ist. Helfen Sie Ihrer Seele, das zu erleben, wofür sie gekommen ist.

Je mehr Sie das tun, umso mehr werden Sie nicht einfach nur glauben, sondern ganz sicher fühlen und wissen: Wenn Sie den Plan Ihrer Seele in sich klingen hören, hören Sie das Echo der Schöpfung Gottes. Und irgendwann am Ende kehrt der Tropfen Ihrer Seele zurück ins unendliche Meer.

Gute Reise!

Übungen für ein Leben im Jetzt

112 Seiten. ISBN 978-3-442-34154-2

Dieser »Kurs in Gegenwärtigkeit und Liebe« schärft unsere
Wahrnehmung, ordnet die Erkenntnisse und ermöglicht eine
klare innere Ausrichtung, um im gegenwärtigen Moment
und in der Liebe zu leben.
Mit seinen stimmungsvollen Fotos, inspirierenden Zitaten und
konkreten Handlungsimpulsen ist dieser Tischaufsteller ein
wunderbares Geschenk. Für sich selbst und für alle, die ihr Leben
auf die Achtsamkeit für jeden Augenblick ausrichten möchten.
Jeden Tag ein Stück mehr. Das ganze Jahr hindurch.

arkana